现代体育经济的
多维度发展探索研究

万 文　张 珏　著

全国百佳图书出版单位
吉林出版集团股份有限公司

图书在版编目（CIP）数据

现代体育经济的多维度发展探索研究 / 万文，张珏著. -- 长春：吉林出版集团股份有限公司，2024.4
　ISBN 978-7-5731-4912-1

Ⅰ.①现… Ⅱ.①万… ②张… Ⅲ.①体育经济学－研究－中国 Ⅳ.①G80－052

中国国家版本馆 CIP 数据核字（2024）第 083893 号

现代体育经济的多维度发展探索研究
XIANDAI TIYU JINGJI DE DUOWEIDU FAZHAN TANSUO YANJIU

著　　者：	万　文　　张　珏
责任编辑：	沈丽娟
技术编辑：	王会莲
封面设计：	豫燕川
开　　本：	787mm×1092mm　1/16
字　　数：	176 千字
印　　张：	9.5
版　　次：	2024 年 4 月第 1 版
印　　次：	2024 年 4 月第 1 次印刷

出　　版：	吉林出版集团股份有限公司
发　　行：	吉林出版集团外语教育有限公司
地　　址：	长春市福祉大路 5788 号龙腾国际大厦 B 座 7 层
电　　话：	总编办：0431—81629929
印　　刷：	长春新华印刷集团有限公司

ISBN 978-7-5731-4912-1　　　　　定价：56.00 元
版权所有　侵权必究　　　　　举报电话：0431—81629929

前 言

体育和经济原本是两个不相关的领域,但是随着人们生活水平的提高、健康意识的增强和现代体育运动的发展,体育和经济之间的联系已经越来越紧密。体育运动的发展离不开经济,经济的发展也同样离不开体育。经济是体育发展的基础,体育是经济发展的一个重要组成部分。体育经济作为体育和经济两个不同领域相互交流与融合的产物,是我国现代体育发展的一项重要事业,也是我国国民经济中的一个重要产业,承担着发展体育事业和促进经济繁荣的双重职责。在社会经济迅速发展、科学技术日新月异、人们的体育消费意识逐渐增强的现代社会,对体育经济的思考与探索已经成为现代体育经济理论研究的重要课题。

在社会主义国家中,人是社会的主体,人的发展是开展一切社会活动的目的,同时人也是社会生产力要素中的根本要素。而体育的全部运行机制是作用在社会主体和社会生产力基础之上的,这也恰恰是体育经济价值和经济功能内涵的体现。因此,在对体育的经济价值与经济功能进行研究时,既要时刻以体育服务的生产满足人的需要为目标,实现人的全面发展,又要充分展现体育的经济功能,发挥体育对社会生产力和经济增长的促进作用。

随着时代的发展和进步,对体育经济的研究已经不能再局限于一个方面,本书以现代体育经济为研究对象,在阐述体育与经济之间关系的基础上进行分析,并从现代体育产业、现代体育消费、现代体育市场、重点领域体育产业的经营与管理等多个维度出发,对现代体育经济进行了深入思考与探索。

  本书在撰写过程中，参考并采用了多位专家、学者关于现代体育经济的研究成果，在此表示感谢。由于笔者能力水平有限，书中难免存在疏漏与不妥之处，恳请专家学者、广大读者批评、指正。相信本书能为关注现代体育教学改革与发展的相关工作者提供一定的理论和实践指导。

目 录

第一章 体育与经济的关系探究 ……………………………………… 1
  第一节 经济发展的内涵 …………………………………………… 1
  第二节 体育对经济及经济发展的作用分析 ……………………… 3
  第三节 体育与经济发展的相互关系 ……………………………… 7

第二章 现代体育经济概述 …………………………………………… 12
  第一节 现代体育经济背景分析 …………………………………… 12
  第二节 现代体育经济基本内容与概念研究 ……………………… 17

第三章 现代体育产业研究 …………………………………………… 25
  第一节 体育产业的相关概念 ……………………………………… 25
  第二节 体育产业的内容与类别 …………………………………… 43
  第三节 体育产业的属性与特征 …………………………………… 47

第四章 现代体育消费 ………………………………………………… 51
  第一节 现代体育消费内涵与特点 ………………………………… 51
  第二节 现代体育消费效用与态度 ………………………………… 54
  第三节 现代体育消费水平与行为 ………………………………… 56

第五章 现代体育市场研究 …………………………………………… 63
  第一节 现代体育市场概述 ………………………………………… 63
  第二节 现代体育消费市场 ………………………………………… 70
  第三节 现代体育劳动市场 ………………………………………… 79
  第四节 现代体育产品市场 ………………………………………… 84

第六章　重点领域体育产业的经营与管理 …………………… 89
　　第一节　体育竞赛表演产业的经营与管理 ………………… 89
　　第二节　体育用品产业的经营与管理 ……………………… 102
　　第三节　体育健身休闲产业的经营与管理 ………………… 105
　　第四节　体育旅游及体育服务产业的经营与管理 ………… 113

参考文献 ……………………………………………………………… 145

第一章 体育与经济的关系探究

体育与经济的相互关系，是体育经济研究中的热点问题，也是基础性问题。从研究的具体对象来看，主要有两个方面：一方面，从经济学的角度分析，即关于体育需求与供给；另一方面，从体育与经济的宏观关系上分析，即体育与经济的相互影响、相互作用。在体育与经济的相互影响和相互作用上，又存在一对辩证关系，即经济对体育的制约作用和体育对经济的发展作用。本章从经济发展和经济增长之间的区别入手，分别就经济发展的内涵，体育对经济及经济发展的作用，体育与经济发展的相互关系这三个方面来说明。

第一节 经济发展的内涵

理解体育对经济发展的作用，首先应当理解经济发展的内涵所在，包括经济发展与经济增长的区别，以及当前经济发展过程中的主流是发展而不是单一的增长。

一、经济增长和经济发展的区别

经济增长与经济发展有着各自不同的含义。经济增长是指一个国家或地区在一定时期内产品和劳务产出的增加，通常是以国民经济总产值、净产值或者国民收入为标志的，包括物质资源、人力资源、货币资金的增长与合理配置。经济发展则是指伴随着经济增长并包括经济增长在内的经济结构与体制的变化（见图1-1）。

```
                    经济发展
        ┌──────────────┼──────────────┐
     经济增长        经济结构        经济制度
```

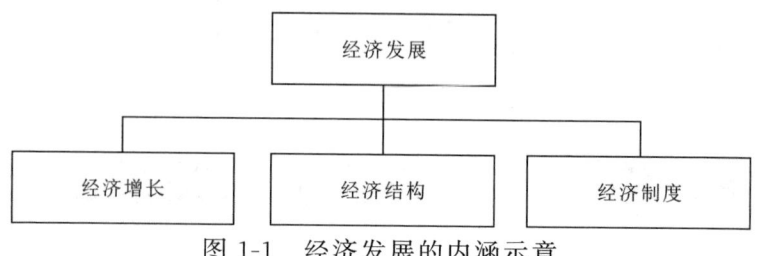

图 1-1 经济发展的内涵示意

揭示体育与经济增长的关系，主要阐释的是体育与国民经济各项主要经济指标之间的关系，即体育与国民收入增长率、社会总产值增长率的关系。而体育对经济发展的作用，除了上述的问题外，还包括体育对社会经济结构和经济体制的影响作用。前者可以理解为体育对经济发展的直接作用，而后者主要可以通过对经济结构和经济体制来推动经济发展。经济结构主要是指民经济总系统中各子系统、各部分的排列和组合方式，具体说是指国民经济的各种成分、各个部门，以及社会再生产的各个方面的构成、比例关系和相互联系，其中按照成分构成具体见图 1-2。

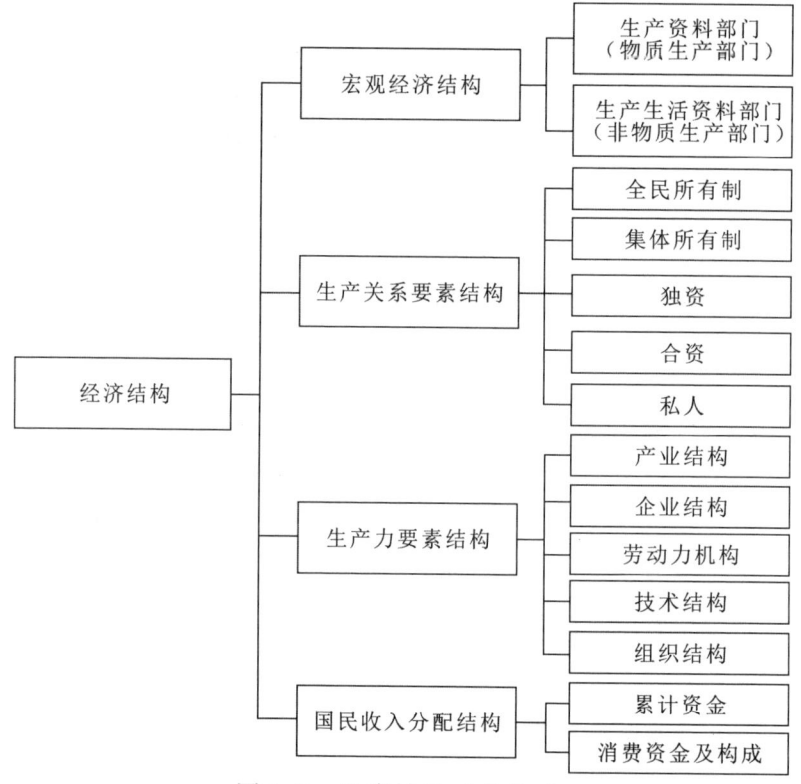

```
                    ┌── 宏观经济结构 ──┬── 生产资料部门（物质生产部门）
                    │                  └── 生产生活资料部门（非物质生产部门）
                    │
                    │                  ┌── 全民所有制
                    │                  ├── 集体所有制
                    ├── 生产关系要素结构┼── 独资
    经济结构 ───────┤                  ├── 合资
                    │                  └── 私人
                    │
                    │                  ┌── 产业结构
                    │                  ├── 企业结构
                    ├── 生产力要素结构 ┼── 劳动力机构
                    │                  ├── 技术结构
                    │                  └── 组织结构
                    │
                    └── 国民收入分配结构┬── 累计资金
                                        └── 消费资金及构成
```

图 1-2 经济结构成分构成

二、经济发展成为主流

党和国家提出要由"转变经济增长方式"到"转变经济发展方式",这反映了党对经济发展规律认识的深化。增长主要是指国民生产总值的提高,它以产出量的增加作为衡量尺度。而发展较之增长具有更广泛的含义,既包括产出扩大,也包括分配结构的改善、社会的变迁、人与自然的和谐、生活水平和质量的提高,以及自由选择范围的扩大和公平机会的增加。经济增长强调财富"量"的增加,而经济发展强调经济"质"的提高。转变经济发展方式,不仅包含经济增长方式的转变,即从主要依靠增加资源投入和消耗来实现经济增长的粗放型增长方式,转变为主要依靠提高资源利用效率来实现经济增长的集约型增长方式,而且包括结构、质量、效益、生态平衡和环境保护等方面的转变。世界各国在工业化进程中,发展初期技术水平低,主要依靠资源投入来提高产量。当工业化进入一定阶段,经济总量达到一定规模,明显受到资源供给约束时,就必然要求转变经济增长方式。20世纪90年代以来,我国工业化日益面临规模扩张与资源、环境、技术、人才和体制等方面的约束,迫切需要转变传统的增长模式。转变经济发展方式,不仅符合世界性经济增长方式变革的一般规律,更关系到我国在新世纪、新阶段的全面、协调、可持续发展。

加快转变经济发展方式是实现国民经济又好又快发展的必然要求,是有效解决我国经济发展面临的实际困难和问题中必须长期坚持的重大战略方针。我国在转变经济增长方式方面取得了不少成效,但总体上还是没有转变高投入、高消耗、高排放、难循环、低效率的增长方式。

第二节 体育对经济及经济发展的作用分析

一、体育对经济的作用综述

体育与经济的关系问题从体育经济学研究之始就是一个基础的、经久不衰的话题，并且始终随着体育和经济的双向发展而发展着。现阶段，就经济对体育的作用而言，基本上认识一致，即经济作为体育发展的基础和条件，决定着体育发展的目标、内容、手段，决定着体育发展的规模和速度等，经济发展水平还决定着体育发展体系和结构等。反之，体育对经济的作用也应包括经济增长、经济体制、经济结构等方面。这一点目前越来越多地从积极意义上得到认同，而不是仅局限于经济增长这个单一视角。

（一）体育对经济增长的作用

在体育对经济的影响作用研究领域，提及最多的是体育对经济增长和发展的作用，同时也涉及微观层面的体育对国民经济以及城市经济发展的作用。而多数学者对此也基本上从积极的角度达成了一致认同。而现在问题在于，体育对经济的作用往往只是提到了体育对经济增长的作用。上述问题可以通过近年来一些学者的研究文献略见一斑。

学者刘印凡、李元敬等认为，体育产业所具有的市场拉动效应、创汇效应、就业效应和联动产业效应能够促进经济增长[1]。饶永辉也认为，体育产业对推动中国经济持续增长将发挥越来越大的作用[2]。体育对经济增长的作用是：①体育产业是现代国民财富的重要组成部分之一；②体育作为一种生产力，正在对国民财富增长做出更多的贡献；③体育本身具有巨大的经济价值，作为一种产业，它必将大有发展潜力；④体育产业能为社会提供众多的就业机会。

上述学者多停留在体育对经济增长具有促进作用分析的层面，并未关注到经济发展问题。而其他多数学者逐渐意识到体育对经济发展的作用问题，并就此展开了大量的探讨。

（二）体育在城市经济发展中的作用

有部分学者对体育在城市经济发展中的作用做了研究，基本达成的一种共识就是：体育对城市经济发展的作用主要体现在体育可以加快城

---

[1] 刘印凡，李元敬. 体育繁荣与经济增长 [J]. 经济论坛，2002（17）：67－67.
[2] 饶永辉. 浅谈体育产业发展对经济增长的影响 [J]. 企业经济，2005（10）：138－139.

市化进程，促进城市经济发展以及拉动市场消费，为当地居民提供就业机会，加强基础设施的建设，有利于扩大城市间的经济合作与交流，有助于提升城市品位等方面。

经济对体育的决定作用，体育对经济的促进作用就目前的研究现状来看，可以说达到了一致。现在存在争议的焦点是随着现代经济发展水平的提高，体育能否成为推动我国经济持续增长的重要力量，换句话说就是在未来一段时期，体育能否对经济的发展起到决定作用。现阶段，一些主流理论和观点的依据是西方发达国家因体育而产生的价值已经达到第三产业产值中的前几位，进而带动的经济增长已经成为其经济增长的主要因素。我国近年来的发展趋势也显示出体育产业已逐步成为当前经济增长的主要力量。在全面研究和看待问题中，可以积极借鉴这些经验和观点，同时，不仅要看到体育对经济增长的促进作用，也要考虑它对整个经济发展的作用。

二、体育对整个经济发展的作用

在体育经济研究领域，如同在经济领域一样，传统的观点只是看到了体育对经济增长的作用，或者可以理解为只看到了体育对经济发展的直接作用，而忽略了体育对经济发展的间接作用。体育对经济发展的间接作用可以理解为通过经济结构和经济制度来推动整个经济的发展。

（一）理论层面的分析

在理论层面上分析经济发展主要包括经济增长、经济结构和经济制度。体育对经济增长的作用无须赘言，而其体育对经济结构的影响主要体现在两个方面：

第一，因经济制约着体育的结构和手段而起到反作用，使经济也同样适应着新结构下的体育而改变着自身的结构。为了适应机器大生产对劳动力素质的需要，体育成为社会发展的重要组成部分。同时科学技术的进步和生产的现代化，使劳动者的生活条件改善，劳动时间缩短，对体育产生了新的要求。娱乐性、健身性、福利性体育迅速地发展，竞技体育也达到了空前的规模，体育的结构越来越复杂。在这种越来越复杂的体育面前，起到制约作用的经济结构也必将发生改变，以适应体育的变化。

第二，体育的发展促进着国民经济结构的调整。国民经济结构主要表现在产业结构上，其中体育产业的快速形成和发展，不仅拓展了第三产业的领域，也在一定程度上提高了第三产业的增加值，起到了优化产业结构的作用。从发达国家第三产业发展的基本脉络看，在发展初期为第二产业直接服务的金融、保险、交通运输等行业会有一个快速发展，但是这些行业的发展速度会逐步减慢，而那些为提高国民素质和生活质量的服务行业，如教育、文化、体育等行业会持续快速地发展。所以，体育产业作为一个上游产业，它既能带动和促进第二产业中一些相关行业的发展，也能带动和促进第三产业中一部分行业的发展，对整个国民经济总量扩张和结构调整都有一定作用。

体育对经济制度的影响主要指间接功能，即通过社会文化、道德以及人口等因素的功能，而对经济制度发生作用。从宏观角度来看，体育本身就是一种文化现象，或者说是社会文化的一部分，既受其影响，又在某种程度上改变着社会文化，进而影响社会经济制度。体育通过陶冶劳动者的思想和道德，提高劳动者的精神文明程度，进而提高他们的劳动主动性、积极性和创造精神，对经济发展起到积极作用。体育还通过培养和提高生产部门的人才素质，以及造就上层建筑、意识形态等各个领域的人才，对增强社会生产力产生作用。毕竟，社会是个有机的整体，各个领域之间相互影响、相互渗透，间接影响经济制度，并最终对经济发展产生作用。

（二）体育对经济发展作用的实践讨论

从实践层面分析体育对经济发展的作用，最直接的就是近年来我国体育产业在国民经济发展中的地位和作用。通过改革开放40多年来体育产业的发展规模对相关产业的带动作用，以及在吸收劳动力就业方面的优势，不难看出体育对经济发展的促进作用。

1. 体育产业对促进国民经济增长做出了重要贡献

近年来，我国体育产业在国民经济结构中已经占据了重要的地位。

第一，我国体育产业发展的速度不仅已经远远超过各地GDP的平均增长速度，而且体育产业增加值的年平均增速也超过第一、第二产业的年平均增速，并且处于第三产业的中间位置。

第二，体育产业就业人数以及劳动生产率等方面的增速相比其他产业具有明显优势和可持续发展特征。

依照西方经济学经济增长理论，我国体育产业已初步具备了国民经济新的经济增长点的潜力。首先，体育产业是新兴产业，不是传统产业。其次，我国体育产业增加值年平均增长速度远远高于我国GDP的增长速度。显然，体育产业已经逐步成为全社会新的消费热点，产业规模正在迅速扩大，体育产业的发展速度增势强劲。

2. 体育产业结构的日趋合理拉动了经济结构的发展

目前，体育产业结构划分为体育本体产业和相关产业。所谓体育本体产业是指最具有体育本质特征的产业，比如体育竞赛表演业、体育健身服务业等。而体育相关产业则是指依托于体育的其他行业，如体育用品制造业、体育零售业等。合理的产业结构应该是本体产业占据主要地位，无论产值还是关联作用，如同产业经济学中的重点产业一样，体育本体产业应该对体育相关产业具有带动、引导、拉动等作用，但在我国体育产业发展之初，具有体育本质属性的体育健身、竞赛表演业等体育本体产业却在相当长一段时期远远落后于体育服装、鞋帽等体育用品制造业。根据国民的消费理念可以推断，大多数老百姓每年花在购置体育服装、鞋帽、器材等方面的消费额度要远远高于花钱观看体育赛事、健身方面的消费额度。这种看似产业结构的不合理，在我们国家经济发展之初未必就是不合理的。

从产业规模包括增长速度、产业关联程度、吸纳就业的人数和比例，以及体育产业结构的合理性发展等方面来看，体育对经济发展的促进效果明显、贡献巨大。

第三节 体育与经济发展的相互关系

体育与经济发展的相互关系表现在直接和间接关系两个方面，而且这种关系的表现除了相互影响、相互作用之外，还表现为相互制约的关系，因为经济发展只能提供它物质资料中的一部分用于发展体育事业，体育在使用这些经济条件时，需要同用于其他部门的物质资料和经济条件相协调、相平衡；还因为体育经济发展的作用具有周期性长、发效性迟缓的特点，因此，在处理二者关系时，既要考虑经济发展水平，实事求是地追加投资，发展体育事业；又要改变只顾眼前短期经济利益，忽视体育对经济发展的长期性、迟效性等观点，要用发展的眼光看待体育与经济发展的相互关系。

对于体育与经济发展的关系，一段时期以来存在着优先论和同步论两种观点。偶尔也能听到相对而言的滞后论。

一、优先论

所谓优先论，也叫超前论，其主要观点就是先发展体育，利用体育的社会功能、经济功能等来带动经济的全面发展。也就是说，先发展体育再发展经济，最终全面增强国家综合实力。其一，体育事业发展在投资方面应高于一般情况下的国家财政经常性支出的比例，体育事业经费应逐年增加；其二，体育事业的发展在体制上、政策上应当有所侧重。

实际上，包括我们国家在内的一些国家和地区，在特定的历史时期均有过类似的发展道路，而且也取得了一定成就。第二次世界大战之后的苏联和建国初期的中国的体育事业，就曾经采用过一些优先发展体育的策略，例如，至今还占据着我国竞技体育事业体制主流思想的"举国体制"就是典型的体育超前论观点。这种体制产生的背景之一就是中华人民共和国成立初期的社会、政治、经济地位还远不足以在世界舞台上占有一席之地，于是举全国之力，集中主要资源去发展一些短期见效而且能够迅速确立国家形象地位的领域，我们的"两弹一星"即是如此，我们的体育"举国体制"也是如此。改革开放之后沉寂了多年的体育能够在奥运会等国际性体育舞台上摘金夺银，也离不开这种体制。在我国生产力整体水平较低、经济不发达的情况下，政府集中有限的物力、财力、人力，保证了部分重点项目形成优势，迅速提高了我国竞技体育水平。

当然，举全国之力，优先发展体育并不是全部，或者说是最终目的，而是在特殊时期和历史阶段优先发展体育，以此带动社会、政治，尤其是经济的发展，进而又带动体育的更高层次发展，这才是体育超前论的核心所在。

二、同步论

在举国体制发展体育的过程中，始终围绕着这种体制是否适合所有的体育领域，如群众体育、学校体育乃至体育产业的发展，有着激烈的讨论。于是，在体育与经济这两个方面，又出现了二者同步发展的观点。这种观点的主要思想就是针对前面所说的优先论而提出的同步论，即体育与经济发展应同步增长，体育事业的发展要兼顾经济建设近期和远期的需要。

从某种意义上讲，同步论比较符合市场经济的特征。较之在特殊时期重点扶持一些领域的做法而言，其最终的目的是要协调一致全面发展。

相对这两种观点，还有一种滞后论，即优先发展经济，在经济发展到一定程度时，利用充沛的资源优势反而推动体育发展。无论是优先论还是同步论，包括相对而言的滞后论，如果不讲一定的条件，片面追求某一方面，都是不符合体育与经济发展的客观规律的，是没有充分理解二者相互依存、相互促进和相互制约的辩证关系的。只有结合国情、结合时势，考虑具体情况和条件，适时地"同而有先、先而为同"才符合体育与经济辩证关系的科学发展观。

三、体育与经济的一体化发展措施

（一）体制创新，保证一体化发展的有效运行

创新是促使社会不断进步的关键条件，体育和经济一体化只有不断地发展和创新才能跟上我国不断进步的社会主义市场脚步，实现体育和经济一体化的可持续发展的目标。当前我国体育和经济一体化体系还没

有实现系统的建设，体育和经济在社会大众看来还是两个部门、两个领域，这样的发展现实致使体育和经济难以实现有效的共同进步。针对这一点，我国近些年一直在不断地努力，但是其中还有很多问题难以得到有效解决。针对这个问题，我国应该有针对性地创新发展相应的体制体系，充分吸收一些先进的科学经验，根据我国当前发展实际，对于各项资源实现更为优化的配置，使得体育和经济一体化的走向更为明确，以市场经济作为最终目标。

（二）增强环境创新，促进一体化发展的稳定发展

环境的良好与否对于体育和经济一体化的发展具有至关重要的作用，外部的政策支持和管理方式很大程度影响着体育与经济一体化的实现情况，因此，优化环境因素能够有效推动体育与经济一体化发展。第一，加大宣传力度，正确引导大众态度。宣传的方式可以通过电视、网络等方式来实现，在宣传的过程中要采取易于大众理解的方式，并且要遵循以人为本的理念。从而促使人们切实地意识到体育和经济发展对于社会和自身而言都具有很重要的作用。第二，国家推出相应的政策，创造一个良好的环境。我国的政策导向对于行业的发展具有十分积极的作用，而良好的、完整的政策体系会促使我国体育行业的走向更为健康。与此同时，国家相关部门的介入，一定程度上会促使相关的市场操作更加规范。

（三）目标创新，增加一体化发展竞争力

对于很多人来说，体育只是一种娱乐形式，这对于实现更为深入的体育消费具有很大的阻碍。因此，应该促使体育竞赛和商务活动进行相应的联系，为人们拓宽眼界，让人们充分认识到体育和经济之间的联系。随着时代的发展，应该不断创新对于体育与经济一体化的评判标准，从而促使其实现更为良好的、有效的长足发展。而参与评判的指标主要包括 GDP 指数、消费水平、生活结构等方面，从而形成一个相对完整的评价系统。评价系统所呈现出来的情况包括人们的消费趋势、人们的生活方式、人们追求的发展模式、人们的健康情况等，从而针对这些客观的数据有指向地调整体育和经济一体化的发展趋势。

(四) 促进管理创新，增强一体化发展动力

在社会经济发展的过程中，管理者起到十分重要的作用，一定程度上决定了体育产业的发展效果。因此，管理者自身所具有的先进的管理理念和系统的管理模式，对于体育和经济一体化的良好运行能贡献出很大的力量。在当前市场经济环境下，相关管理人员要具备较高的素质才能更好地完成自身工作。还包含了当前现代化管理的相关文化意识，体育和经济一体化发展的相关管理的了解与运作机制等管理制度对相关人员的素质要求。

第二章　现代体育经济概述

现代体育经济作为国民经济的重要组成部分，不仅对体育产业自身的发展有所影响，而且会对社会经济的发展产生巨大的推动作用。本章主要通过对现代体育经济背景的分析，以及对现代体育经济基本内容与概念的研究，来对现代体育经济进行概述。

第一节　现代体育经济背景分析

一、第三产业的发展

第三产业的发展对现代体育经济发展的影响主要体现在两个方面：第一，为其发展创造了良好的条件；第二，为其发展提供了更为广阔的空间。

随着生产力的发展，第三产业迅速崛起，并在世界经济和社会发展进程中呈现后来居上的态势。从横向上来讲，经济发展水平越高的国家和地区，其服务业所占的比重就越高；从纵向上来讲，经济的发展和社会的进步又为服务业比重的增大提供了有力支持。第三产业的繁荣发展已成为全球性的经济发展趋势。

第三产业的迅速崛起与发展主要受三方面因素的影响：生产力、消费结构以及生产结构。社会生产力的发展为劳动力由第一、第二产业转移到服务业奠定了基础；经济收入的增加、生活水平的提高使人们的消费结构发生了巨大的变化，服务消费比重明显上升，有力地推动了生活服务业的发展；生产的社会化、信息化、市场化推动了生产结构的变革，生产性服务比重上升，有力地促进了生产服务业的发展。体育产业就是在这样的背景下产生和发展的。

第三产业提供的各种服务与产品有效地满足了人们多方面的需求，这使第三产业在现代社会中的地位越来越重要，成为提高人们生活质量的主要产业部门。服务业在国民经济中的地位是由服务消费的功能决定的。在经济发展较快的国家，服务消费的功能主要表现在两个方面：一方面是满足人们不同层次的需求，另一方面是构成社会再生产的决定因素。在经济发达的国家，相较于物品消费功能，服务消费的功能更重视消费的"质"和"量"，服务业在国民经济中占据着"首席地位"。

从市场对产业资源的配置来看，一个产业的兴起和发展与市场的需求有着密切的关系，服务业潜在需求大、发展空间广，对经济发展具有巨大的推动作用；从服务需求来看，国民经济的高速发展为服务业的发展提供了一个良好的平台，人们对服务产品的需求不断提高，使服务消费成为新热点。这些因素都为体育经济的兴起创造了良好的条件。

作为第三产业和第三层次的体育产业，在国民经济持续增长的大环境中，不仅拥有良好的发展条件，而且拥有更为广阔的发展空间。

二、现代体育的发展

现代体育的发展为体育经济的发展奠定了基础。

随着生活水平的逐步提高，人们对体育的需求量与消费量越来越大，对体育活动的参与热情也越来越高，体育已成为人们生活中不可或缺的重要组成部分，这些因素都有力地促进了现代体育经济的发展。

经济全球化形势下，现代体育在社会中扮演着重要的角色，已成为社会整体的一部分，其不仅为人们提供了一种新的娱乐休闲和提高身心素养的方式，而且反映着一个国家的文化价值。经济的高速发展，在提高人们生活质量的同时，也使体育在本地区和国家的经济发展中产生了巨大的作用。

现代体育的发展与社会经济的发展之间有着极为紧密的联系：社会经济的发展为体育的发展奠定了基础，不仅推动了体育相关产业的发展,而且改变了人们的体育消费观念;而体育相关产业的发展以及体育消费观念的增强推动了体育消费市场的形成,又为社会经济的发展创造了条件。现代体育经济作为社会经济的一部分,自然能够享受到现代体育发展所带来的成果。

三、居民消费结构的变动

居民消费结构的变动是现代体育经济形成与发展的又一重要背景。随着社会经济的不断发展,城乡居民的生活水平有了很大的提高,可支配收入也明显增加,这使居民在满足物质需求的同时开始追求精神方面的满足,而体育产业在很大程度上能够满足居民这方面的需求,于是城乡居民的体育消费比例随之增加。居民消费结构的这一变动,有力地推动了我国体育产业的发展,为体育经济的形成与发展创造了良好的条件。

(一)居民消费结构变动的理论基础

居民消费结构变动的理论基础是马斯洛的需要层次理论。马斯洛的需要层次理论将人类的需要分为五个层次,从低到高依次为:生理需要、安全需要、归属与爱的需要、尊重需要、自我实现需要,具体内容如图 2-1 所示。人类在发展的不同阶段,有着不同的需要,且更高级别需要的实现都建立在较低级别需要得以满足的基础上。

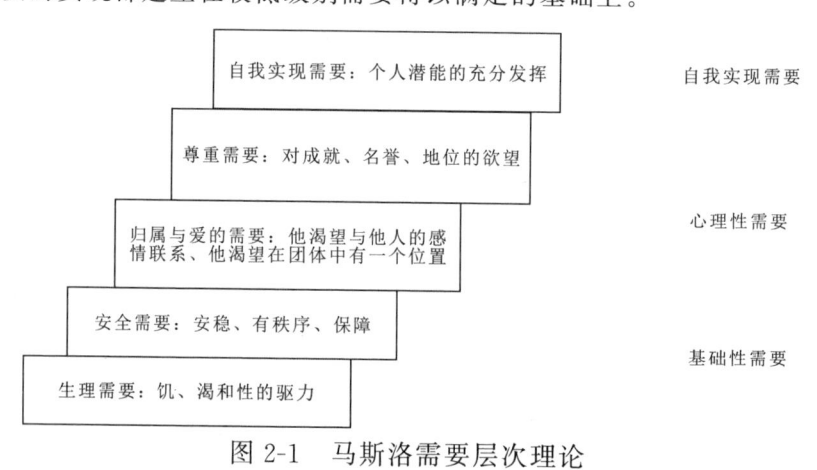

图 2-1 马斯洛需要层次理论

马斯洛需要层次理论对于消费结构转变分析来说，其意义主要表现为人类消费结构重心的转移。随着社会的发展，国民收入水平的提高，人们在满足低层次的生理需要后开始追求较高层次的需要，而这种追求层次的提高则通过消费结构的变动体现出来。

(二) 居民消费结构变动的具体表现

以体育消费为例，在温饱阶段，居民的消费以物质产品消费为主，消费的目的是生存，所以对体育产品需求较弱；在小康阶段，居民收入水平有较大提高，对耐用消费品和体育产品的需求量有明显的增加；在富裕阶段，居民对具有奢侈品特点的服务需求的比例较大，如参与高尔夫运动等高层次的体育消费。

四、体育产业政策的调整

体育产业政策的调整为我国体育产业的发展提供了有力的政策支持，推动了我国体育产业的可持续发展，为我国现代体育经济的产生与发展创造了良好的环境。

(一) 体育产业政策对体育产业发展的作用

1. 促进体育产业结构的合理化

由于体育产业各部门之间的联结方式、不同体育产业之间的合理比例关系等，都涉及体育产业资源在全社会范围内有计划的调配，而这些有计划的调配需要体育产业相关政策的规范与支持，所以说体育产业结构的变动与体育产业政策之间有着重要的联系。政府根据体育市场的供求趋势，制定相应的体育产业政策，通过必要的手段（主要指经济手段和法律手段），实现体育产业资源在体育产业各部门之间的合理分配，促进体育产业结构的合理化发展。

2. 有效配置体育产业资源

在市场经济条件下，虽然市场对体育产业资源的配置起决定性作用，但对于提供公共物品的企业或部门，市场机制不能对相应的资源实现有效配置，这时就需要政府通过制定相关的体育产业政策来提高体育产业的运行质量,从而保证体育产业朝着既定的目标发展。

(二)体育产业政策的内容

我国体育产业政策主要包括体育产业组织政策和体育产业布局政策两个方面。

1. 体育产业组织政策

(1) 体育产业组织政策的含义

体育产业组织政策又被称为体育产业公共政策,主要是指由政府制定的,用于干预体育市场、调节企业之间的关系、获得理想的市场效益的公共政策。

(2) 体育产业组织政策的目标

体育产业组织政策的目标主要包括四个方面的内容:第一,优化资源配置。通过体育产业组织政策,政府能够对体育市场进行有效的控制,进而提高体育产业资源的使用效率。第二,实现规模经济。实施体育产业组织政策有助于激励体育产业内部企业间的联合,扩大规模,从而提高规模经济水平。第三,促进技术进步。体育产业组织政策的实施在很大程度上能够使体育产业组织的形态和结构得到优化,从而提高企业的技术创新能力。第四,维护市场秩序。实施体育产业政策能够有效地规范企业的市场行为,在一定程度上能够避免企业间的不正当竞争,从而维护市场秩序。

(3) 体育产业组织政策的内容

体育产业组织政策主要包括三个方面的内容,分别是体育产业市场行为政策、体育产业市场结构政策、体育产业政府规制。其中,体育产业市场行为政策包括反垄断与"反垄断豁免"政策和反不正当竞争政策;体育产业市场结构政策包括兼并与合并政策和中小企业政策;体育产业政府规制主要是指政府机构按照一定的法规对体育企业所采取的相应的行政管理行为。

2. 体育产业布局政策

(1) 体育产业布局政策的含义

体育产业布局政策主要是指由政府相关部门根据体育产业的综合条

件制定的引导体育产业合理分布的公共政策。

(2) 体育产业布局政策的目标

体育产业布局政策的目标主要包括两个方面的内容：第一，形成区域比较优势，体育产业布局政策与区域体育产业的发展有着密切的关系，通过实施差别性的体育产业布局政策，使重点发展区域的投资环境形成一定的比较优势，进而推动体育产业的发展。第二，优化体育产业布局，通过实施体育产业布局政策，优先发展资源丰富、设施条件较好的地区的体育产业，然后带动其他地区以及整个国家体育产业的发展。

(3) 体育产业布局政策的内容

体育产业布局政策的内容主要表现在三个方面，分别是制定国家体育产业布局战略、国家以间接的方式介入体育产业的发展、实施具有差别性的体育产业政策。

第二节 现代体育经济基本内容与概念研究

一、现代体育经济的形成和发展

(一) 现代体育经济的形成与发展过程

现代体育经济作为国民经济的重要组成部分，是随着社会经济、体育全球化的发展逐步形成，并随着人们生活水平的提高、体育需求的增加而逐步发展起来的朝阳产业。现代体育经济主要经历了兴起、形成和发展三个历史过程。

1. 现代体育经济的兴起

现代体育经济是产业革命对人类社会产生影响的结果，是现代体育发展到一定程度的产物。社会经济的发展、人们生活水平以及可支配收入的提高，为现代体育的发展奠定了良好的物质基础。而城市化进程的加快，推动了体育产业的发展，为体育经济的兴起提供了一个良好的平台。具体来说，城市化进程的加快，在给人们的生活带来便利的同时，也带来了诸多的问题，如生活节奏快、生活压力大、身心易疲劳等。这些问题的产生使人们意识到休闲娱乐、康体健身的重要性，而体育活动所具有的放松身心、锻炼身体等功能刚好满足了人们的需求，于是人们纷纷开始参与各种类型的体育活动，能够满足人民日益增长的多样化体育需求、为人们提供各种体育产品与服务的体育产业应运而生。体育产业作为第三产业的一部分，在满足人们体育需求的同时，也为社会创造了巨大的经济效益，以此兴起的现代体育经济更是成为国民经济的重要组成部分。

2. 现代体育经济的形成

现代体育经济的形成主要是指体育活动向商品化发展的过程。

从体育经济的发展历程来看，现代体育经济的形成发端于18世纪的产业革命，到19世纪30年代末基本完成。产业革命后，机器大工业代替了工厂手工业，社会化大生产有力地推动了社会生产力的发展，这不仅促进了资本主义的商品生产与交换，还为现代体育经济的形成奠定了坚实的物质基础。

从地缘上来看，现代体育经济发源于英国。英国人不仅极力倡导户外体育运动，而且积极创建各种体育俱乐部，如足球、橄榄球、高尔夫球等，这些尝试在一定程度上都为现代体育经济的形成创造了有利的客观环境。而随着英国殖民主义的扩张，他们有关体育运动的积极尝试也逐渐在其他国家传播开来，这在一定程度上又推动了全球体育经济的形成。

3. 现代体育经济的发展

虽然现代体育经济形成于19世纪30年代，但其真正发展起来是在20世纪60年代之后。尤其是进入21世纪后，体育产业迅速发展，成为推动国民经济发展的重要力量。

从我国体育产业的发展速度来看，体育产业值呈现快速发展的趋势。

从世界体育产业的地位来看，体育产业在国民经济中的作用越来越重要，一方面它能够直接创汇，并吸收大量的劳动力；另一方面它能够带动相关产业的发展，推动国家的对外开放和经济发展。

综上所述，随着体育产业在世界经济及各国经济中所扮演的角色越来越重要，现代体育经济已然成为高增值、高效益的新兴产业。因此，越来越多的国家开始大力扶持和发展体育产业，把推动现代体育经济的增长作为推动国民经济发展的着力点。

(二) 现代体育经济的发展特点

1. 大众体育的崛起推动了现代体育经济的发展

社会生产力的发展、可支配收入的增加，使人们不仅具备了体育消费的能力，而且具备了参与体育运动的时间，这些都有力地推动了大众体育的普及与发展。而随着大众体育的发展，人们对体育的需求也有大幅的提高，这在一定程度上促进了体育资源的开发和体育设施的建设，又为现代体育经济的发展提供了有力的支持。

2. 现代体育经济活动向全球化方向发展

随着经济全球化的发展以及体育全球化的逐步深入，现代体育已经打破了时空的局限，发展成为一种全球性的活动。人们可以借助现代化的设备，随时随地观看世界各地举办的体育赛事，更好地满足自身对体育的需求。同时，现代体育在全球化发展的过程中，也加强了国与国、企业与企业之间的交流与合作，有力地推动了体育产业的全球化发展，为现代体育经济的发展创造了良好的国际环境。

3. 现代体育经济活动的规范化

现代体育经济活动的规范化主要表现为：国际、国内所开展的体育赛事基本上都有相关机构进行严密策划，都需要依托相关部门、按照预定计划、以商业化的运行模式，来满足大众的多样化的体育需求。现代体育经济活动的规范化发展，一方面有助于推动体育经济活动朝着大众化的方向发展，另一方面有助于推动体育产业朝着相对独立的经济产业方向发展，从而成为推动国民经济发展的重要组成部分。

4. 现代体育经济的可持续性发展

进入21世纪以来，整个世界的体育经济都呈现出良好的发展势头，而随着现代体育经济的高速发展，其在国民经济中的地位越来越重要。因此，为了维持体育经济良好的发展势头，世界各国都在积极推动体育经济朝着可持续发展的方向迈进。此外，随着大众体育的发展，人们的健康意识逐步增强，更加重视参与体育锻炼，这在一定程度上使现代体育经济活动与人们生命活动息息相关，进而促使体育经济朝着可持续性的方向发展。

二、现代体育经济的地位和作用

（一）体育经济在国民经济中的地位

作为国民经济中的一个重要的经济性产业，体育经济的地位高低，主要取决于三个方面的因素：体育产业的性质、体育产业的发展规模以及体育产业的发展状况。

1. 体育产业的性质

就体育产业的性质而言，体育产业属于服务行业，负责提供相应的体育产品与体育服务，不仅能够满足人们多样化的体育需求，而且是构成社会总产品的重要环节。体育产业在创造、分配体育产品与体育服务的过程中，创造了巨大的经济效益和社会效益，进而在国民经济中占据着重要的地位。

2. 体育产业的发展规模

从体育产业的发展规模来看，随着社会经济的发展，人们的可支配收入有了显著的提高，用于精神需求的开支也明显增加，这在一定程度上推动了能够给人们带来精神需求的体育产业的发展。随着体育产业规模的不断扩大，体育经济在国民经济中的地位也逐渐提高。

3. 体育产业的发展状况

就体育产业的发展状况而言，体育产业作为一种"朝阳产业"，呈现出了良好的发展势头。从现代体育经济发展的实证分析，经济发达的国家，体育经济也比较发达，而体育经济越发达，体育产业在国民经济中的地位就越高。

（二）体育经济在国民经济中的作用

体育经济在国民经济中的作用主要体现在三个方面：第一，大力发展体育经济，一方面能够激发人们参与体育运动的热情、推动相关体育活动的开展，从而扩大对人们对体育产品与体育服务的需求，加速货币的回笼；另一方面，在一定程度上有助于减少人们持币待购所造成的市场压力，促进市场的稳定发展。第二，体育产业属于服务产业，大力发展体育经济能够为人们提供大量的就业机会，从而有助于推动国民经济的稳定发展。第三，体育产业虽然是一种相对独立的产业，但其在发展的过程中仍会与其他行业产生一定的联系，通过直接或间接的作用带动其他相关产业的发展，进而推动整个国民经济的发展。

三、现代体育经济学的研究对象、范围及方法

(一) 现代体育经济学的研究对象

现代体育经济学的研究对象主要包括三个方面的内容：现代体育经济的形成过程及规律、现代体育经济运行的机制与实现条件、现代体育经济与社会经济的关系。

1. 现代体育经济的形成过程及规律

作为国民经济最重要的组成部分，现代体育经济是随着现代体育活动的发展而逐步形成的。现代体育本身不属于商品的范畴，其成为商品是人类社会发展到一定程度的产物，是商品生产和交换的必然结果。所以，现代体育经济学的首要研究对象是其形成的过程以及在商品化过程中的客观规律。

2. 现代体育经济运行的机制与实现条件

作为国民经济的一部分，现代体育经济运行过程中的主要矛盾即需求与供给之间的矛盾。所以，现代体育经济学要从分析体育需求与供给的矛盾入手，揭示体育经济运行的内在机制与实现条件，从而为其自身的可持续发展提供科学的理论指导。

3. 现代体育经济与社会经济的关系

现代体育经济与社会整体经济有着密切的关系，现代体育经济的形成与发展以社会整体经济为基础，同时其发展又能够为社会整体经济的发展提供有力的支撑。所以，现代体育经济学要研究体育经济与社会经

济的相互关系,为现代体育经济的可持续发展创造一个良好的环境。

（二）现代体育经济学的研究范围

现代体育经济学的研究目的是通过对体育经济活动过程中的各种经济现象与规律的研究,探索推动体育经济发展的最佳途径。现代体育经济学的研究主要涉及以下六个方面。

1. 体育产品的开发与供求关系

体育经济活动的顺利进行是以体育产品的供给与需求为基础的,而体育产品又具有与其他产品明显不同的属性。因此,需要对体育产品的内涵、构成等进行研究,并根据体育市场的供求关系制定相应的开发策略,实现体育产品的供求平衡。

2. 体育市场的开发策略

体育经济活动的进行以体育产品为基础,而体育产品的供给与销售又以体育市场为基础。因此,需要对体育市场进行研究,并采取科学合理的开发策略,为体育经济的发展创造有利的市场环境。

3. 体育消费

体育消费是现代体育经济活动的重要组成部分,生产出来的体育产品只有被消费了,才能实现它的价值,才能为体育产业的发展提供动力,进而推动体育经济的发展。因此,要对体育消费进行研究,研究消费者的消费倾向、行为、结构等,争取最大限度地满足消费者的体育需求。

4. 体育成本及收益

获得最大的经济效益是体育经济活动的主要目标,所以,要对体育成本及收益进行研究。通过对现代体育的经营成本、投资等进行分析,寻求最佳的效益指标体系,为现代体育经济效益的实现提供有力的支撑。

5. 体育的经济结构

研究现代体育经济,不仅包括对现代体育经济活动中的经济现象、运行机制等的研究,还包括对体育经济活动中的各种经济关系的研究。

对现代体育经济整体结构（如产品结构、产业结构等）进行研究，有助于为体育经济结构的合理化发展提供有益的指导。

6. 体育经济的政策研究

现代体育经济活动的顺利进行离不开相关政策的支持，对现代体育经济的相关政策进行研究，有助于为现代体育经济的科学化、合理化发展提供有益的方向性指导。

(三) 现代体育经济学的研究方法

现代体育经济学的研究方法主要包括四个方面的内容：历史分析与逻辑分析相结合、比较分析法、微观分析与宏观分析相结合、定性分析与定量分析相结合。

1. 历史分析与逻辑分析相结合

运用历史分析与逻辑分析相结合的方法能够有效地揭示现代体育经济运行的内在规律与发展变化的过程，从而使我们对现代体育经济活动中的经济现象和体育现象有一个更加明晰的认识。

2. 比较分析法

相较于西方发达国家的现代体育经济，我国的现代体育经济还存在诸多的问题。运用比较分析法，有助于我们借鉴西方发达国家的发展经验，有效避免重复它们在发展过程中的失误。此外，运用比较分析法能够使我们对我国现代体育经济的特点有更加深入的认识，有助于我们找到一条适合我国现代体育经济发展的道路。

3. 微观分析与宏观分析相结合

运用微观分析的方法对体育经济活动过程中的各要素进行研究，有助于我们深入了解现代体育经济的特点，进而做出科学、合理的决策；而宏观分析法的运用，则有助于我们把握体育产业的运行规律。将微观分析法与宏观分析法结合起来，不仅能够使我们认识到体育产业在体育经济活动中的发展变化，而且有助于我们准确把握体育产业的运行规律。

4. 定性分析与定量分析相结合

在现代体育经济学的研究过程中，定性分析法的运用有助于我们对体育产业、体育经济的本质和属性有一个清晰的认识，并为定量分析法的运用提供有益的指导；定量分析法的运用则有助于揭示体育经济活动中的经济现象和体育现象，并为定性分析法的运用提供科学的依据。

第三章　现代体育产业研究

当前体育产业的发展是一个体育运动逐渐走向商业化、职业化并与其他行业不断融合的过程。就目前而言，中国体育产业蓬勃发展，已经成为国民经济中一个新的经济增长点。要推进体育强国建设，必须增强体育产业的实力，在整体上推动体育工作各项内容的协调与完善。

第一节　体育产业的相关概念

从世界范围来看，体育产业正处于蓬勃发展之中，一些发达国家的体育产业甚至已经形成较为完善和健全的发展体系。体育产业的发展不仅对竞技体育、群众体育、体育文化有推动作用，而且对推进体育强国建设也具有十分紧迫的现实意义。

一、体育产业

(一) 体育产业外延的广义说

"体育产业外延的广义说"，主要是指国内外学者在产业外延广义化的共同点。关于"体育产业外延的广义说"的表述中较为典型的为：与体育有关的一切生产、经营活动部门的总和。其产品包括体育物质产品、体育服务和劳务产品；健身娱乐、竞技观赏业、体育传媒业、体育用品业、体育广告业、体育博彩业、体育饮品业等都属于其内容的范畴。

通过上述对"体育产业外延的广义说"的了解，可以看出，其将生产物质产品的企业纳入了体育产业的范畴，外延泛化的问题是较为显著的，主要体现在：首先，物质产品与服务或劳务的产品属性是完全不同的,彼此间没有替代的可能,故两类产品不符合同一商品市场的产业划分标准;其次,物质产品与服务或劳务产品在生产技术和工艺上的差异性也是较为显著的;最后,生产物质产品的部门与提供服务或劳务产品的部门与费舍提出的产业分类法的要求也不相符。由此可以得知,"体育产业外延的广义说"不仅与经济学原理不相同,同时也与逻辑学规则相悖。

(二)体育产业的体育事业说

所谓的"体育产业的体育事业说",就是指体育事业包含了体育产业,或称体育产业是社会主义市场经济运行体制下的体育事业,它是体育事业由传统的计划经济转到社会主义市场经济体制下的称谓。

"体育产业的体育事业说"所存在的问题主要表现为:概念关系不明,并且不符合现行实际改革。一般来说,任何学科的研究概念均有其特定的本质内涵和相对明晰的外延结构,换句话说,就是研究概念都是以特定的有形现象或抽象内容为基础而产生的,以高度提炼的方式予以实现的一种概括。如果将体育产业与体育事业放在同一层次上来进行考察,就可以发现,这二者之间的内涵与外延的差异性是较为显著的,属全异关系的概念,换句话说,就是产业是同类经济活动的总和,而事业是创造公益性、福利性公共产品的组织单位的集合。

(三)体育产业的体育事业可营利部分说

所谓的"体育产业的体育事业可营利部分说",就是指从实用性的角度提出了体育产业就是体育事业中可进入市场并可获得经济利益的那部分经济活动的总和。

"体育产业的体育事业可营利部分说"存在的问题较多,其中,较为显著的有三个方面。

第一,概念的定义具有不完全性的缺陷,具体来说,就是事物形态的过程描述,并非就是事物的本质属性。

第二,这种界说对原来体育事业中就没有的但现确已成为体育产业构成部分的产业部门进行了排斥,换句话说,就是将现代保龄球服务部门、高尔夫球服务部门等在社会发展中为适应需求结构变动所产生的新兴的具有体育原生属性的产业部门排斥掉了。

第三，产业划分类型和层次存在着边界不清的问题。"体育产业的体育事业可营利说"在判定体育产业的外延结构时，没有对第二次产业和第三次产业的划分规则引起重视，而是将获取经济利益作为唯一标准，以此为思维逻辑来认识体育产业，回到"体育产业外延的广义说"的路径上就成为一种必然。

(四) 体育产业外延的狭义说

所谓的"体育产业外延的狭义说"，就是指体育产业是生产和提供体育、运动服务或劳务产品的企业集合，或称以活动、劳动形式向全社会提供各类体育服务的行业总和。对产品的非实物性较为重视，以劳务或服务的"活动"形式存在，并提供满足人的身心等方面需求的使用价值，生产过程是消费者直接参与并享受的过程，这些都是这一界说的主要特点所在。

"体育产业外延的狭义说"与产业经济学理论和逻辑学的规划是较为相符的，具体来说，主要体现在三个方面。

第一，将生产和提供体育、运动服务或劳务产品的企业作为指涉对象，对体育产业的产品属性的同质性进行了明确的规定，与"具有某种同一属性的经济活动"的产业定义以及以相同商品市场为单位的产业划分规则是相符的。

第二，体育、运动服务或劳务产品的生产过程和技术工艺存在着一定的相似性，具体来说，二者的基本要素都是人体运动，运动设施、设备等生产所需的投入品也是较为相似的，都需按解剖、生理、力学等原理和规则生产体育产品等。

第三，以活动劳动的形式生产或提供体育、运动服务或劳务产品的产业是与费舍 (A. Fisher)、克拉克 (C. Clark)、库兹涅茨 (S. Kaznets) 等人创立并发展的二次产业分类的标准相符的，换句话说，就是体育产业属于第三次产业的范畴。

本书从广义和狭义上来对体育产业的概念进行理解。具体来说，广义的体育产业是指全社会提供体育产品的企业、组织、部门和活动的集合，包括体育服务业和体育相关产业两大领域；而狭义的体育产业是指以体育劳务形式为消费者提供体育服务产品生产的企业、组织、部门和活动的集合。

总的来说，体育产业是随着社会经济的不断发展而出现的一种新的产业形态，它是体育运动由原来的自给自足的自为模式向组织化、生产化、消费化和盈利化的产业运营模式转变的产物。简单而言，体育产业就是生产和经营体育商品的企业集合体。

二、体育产品

（一）体育产品的概念

在体育产业中，由体育生产活动产生的并且可以满足人们某种体育需求的劳务产品，就是所谓的体育产品。体育产品主要有以下四个方面的性质。

1. 体育性

体育产品是由体育活动产生的，而非其他活动。

2. 生产性

体育产品是在体育生产活动中产生的，它属于生产性的劳务活动，是一种产出品而非投入品。

3. 劳务性

体育产品是以服务的形式向消费者提供的劳务产品，这种服务形式属于第三产业的内容。

4. 满足体育需求性

体育产品是为了满足人们的某种体育需求而产生的，这种需求与体育运动的发展水平及体育产业的发展状况有着密切的关系。

（二）体育产品的分类

通常情况下，可以将体育产品大致分为三种类型，即体育健身休闲产品、体育竞赛表演产品以及体育技术培训产品。

1. 体育健身休闲产品

满足人们健身和休闲娱乐需要的各类体育产品的集合，就是所谓的体育健身休闲产品。体育健身休闲产品的范畴较为广泛，健身指导、锻炼咨询、体育医疗咨询以及各种休闲体育服务等都属于这一范畴。

作为体育产品的重要组成部分，体育健身休闲产品对消费者有着一定的要求，主要表现为直接参与各种体育消费活动。随着现代社会的不断发展，现代文明病成为人类发展的隐患，在这样的形势下，人们对健康和生活质量的要求越来越高，因此体育健身休闲产品就受到人们的高度重视。人们都希望通过参加各种各样的休闲健身活动来增强自己的体质，以抵抗现代文明病的侵袭。

2. 体育竞赛表演产品

一定的体育组织为满足人们娱乐和审美的心理需求而组织和策划的一系列体育比赛或者竞技表演，就是所谓的体育竞赛表演产品。通常来说，体育竞赛表演产品的提供者主要是各种营利性或非营利性的体育组织。消费者在进行体育消费的过程中，并不直接参与其中，而是通过观看与欣赏的形式进行消费。发展到现在，体育竞赛表演产品已成为现阶段体育产品的重要组成部分，它对于刺激和发展人们的体育需求具有重要的作用。

3. 体育技术培训产品

伴随着体育运动赛事的发展而产生的一种对运动员或体育人才进行培训，以使其竞技能力得到提高的一种服务，就是所谓的体育技术培训产品。体育技术培训是由体育教师或教练员等通过一定的训练手段和方法培养运动人才的过程。体育技术培训的产品就是指其中的训练方法、手段等，这种产品的生产与消费对整个体育产品的质量有着非常重要的作用。在竞技体育快速发展的今天，现代运动竞赛的高度发展使得体育技术培训产品越来越多，科学化程度也越来越高。

（三）体育产品的特征

体育产品除了具备一般产品的特征外，其自身还具有较为显著的特征，具体来说，主要从以下六个方面得到体现。

1. 非实物性

在体育产业中，体育产品的基本生产活动就是体育运动，而体育运动本身是不会产生任何实物产品的。因此，体育产业概念中提到的体育健身产品、体育竞赛产品、体育训练产品、体育信息产品乃至体育无形资产等都属于非实物形态。这种非实物形态主要由体育产品的非实物性特征所决定。

2. 生产和消费的不可分割性

在体育产业中，体育产品具有生产和消费的不可分割性的特征，具体来说，这种不可分割的特征主要表现在时间、空间以及对体育活动的亲身参与三个方面上。

（1）从时间上来说，其不可分割性主要表现在生产过程与消费过程的同时开始与结束。由于体育产品是以体育服务的形式出现的，因此，一旦体育比赛或者体育锻炼活动结束，人们的观赛活动或锻炼活动也随之结束。在体育赛事欣赏中，人们在观赛后能够保留的也就只有手里的门票、身上的汗水和脑海里的回忆，这一过程是不能重复和储存的。所以说在时间上，体育产品的生产与消费是同步进行的。

（2）从空间上来说，其不可分割性主要是指体育生产活动和消费活动往往是在同一空间中实现的，如健身房和比赛现场。

（3）对体育活动的亲身参与是无法替代的。人们要想获得比赛的感受必须靠自己亲身的体验，一个人是不可能通过别人来实现健身的目的的，也不可能让别人代替自己获得观赏比赛的愉悦感。因此，体育消费者必须亲临现场，亲身参与其中，才能真正完成对体育产品的消费过程，在消费过程中达到自己的目的。因此说，消费者对体育产品消费的亲身参与性也对体育产品的生产和消费的不可分割性产生了重要的决定性作用。

3. 需求层次的高端性

一般来说，人的需求可以划分为生存需求、享受需求和发展需求三个层次，这三个层次是人们不同发展阶段的不同追求。人们对于体育产品的需求属于高层次性需求，这主要表现在以下三个方面。

(1) 满足基本的生存需求并不是人们对体育产品的唯一需求。衣食住行是人们生活中的必需品，而体育需求并不是人们生存所必需的，也就是说如果人们离开了体育运动，并不会对其生存构成威胁，充其量只是影响了人们的生活质量而已。因此，在经济学中，生活必需品被描述为替代性很低，甚至是替代性几乎为零的产品，而体育产品的替代性则较高。

(2) 人们对体育产品的需求能够使享受性需求得到一定的满足。在现实生活中，人的需要是不断发展和变化的。当人们基本的生存需要得到满足后，就会追求更高层次的享受。这种高层次的享受就包括人们对生活质量和自身健康状况的关注。而体育产品对于提高人们的生活质量具有重要的作用。当人们的可支配收入达到一定水平后，参与体育运动和观看体育赛事就成为满足人们享受性需求的重要形式。

(3) 人们对体育产品的需求能够在一定程度上满足人们的发展性需求。这一特征主要表现在两个方面。一方面，人们在基本的生存需求得到满足后，会产生更高的欲望，对生活质量的要求会更高，如强身健体、进行体育娱乐等，而体育产品则能在很大程度上满足人们的这种需求。另一方面，人们对体育的需求可以看作是一种重要的人力资本投资。人力资本一般被理解为通过人力投资形成的、附着于劳动者身上并能够为其带来持久性收入来源的生产能力。人们通过体育产品的消费，能使体力有所增强，使劳动力的再生产得以实现；通过体育产品的消费，能够使疾病减少，进而使缺勤的情况减少，使劳动生产率得以提高；通过体育产品的消费，能够使健康状况得以改善，延长工作的年限；通过体育产品的消费，能够使压力有所缓解，社会适应性有所提升。

4. 消费结果的不可预测性

在体育产业中，体育产品具有的消费结果的不可预测性特征主要从三个方面得到体现。

第一，在体育产业中，体育产品是以活劳动的形式提供的，而活劳动具有不可完全重复性的特点。因为每一次劳动过程，劳动者都会受主客观等因素的影响，因此其劳动过程很难保证完全一致。

第二，体育产品要作用于人，而每个人的情况又存在着较大的差异，如同样是"瘦身运动"，由于每个人的体质都是不同的，锻炼后最终的结果也难以预测。

第三，在体育运动中，高水平的竞技体育比赛最难预测。当消费者购买到一场比赛的入场券时，比赛的激烈程度、比赛的走向、比赛结果等都难以在比赛前预测出来。

5. 质量评判的差异性

体育产品具有质量评判的差异性特征，主要从两个方面得到体现。

一方面，在同一项体育赛事中，由于消费者主观感受具有一定的差异性，观众在观赏体育赛事时，会根据自己的好恶或者知识、经验的不同，对场上球员的表现及比赛的结果做出截然不同的评价。

另一方面，在娱乐健身活动中，要想满足绝大多数消费者的需求是非常困难的一件事情，如有的消费者会对健身器材有意见，有的会对服务态度有意见。这也恰恰是服务类产品的特点之一。

6. "最终产品"特性

供最终消费和使用的产品，就是所谓的"最终产品"。在体育产业中，体育产品就属于服务业提供的产品，因而就具有最终产品的特性。体育产品"最终产品"的特性主要表现为中间投入率小和中间需求率小。中间投入率是指各产业的中间投入与总投入之比，其能够将各产业作为生产单位产值而需要从其他产业购进中间产品所占的比重反映出来。中间需求率是指各产业的中间需求与总需求之比，能够将在各产业的产出中有多少是作为中间产品为其他产业所需求反映出来。体育产品是一种特殊的产品形态,其价值主要是由活劳动消耗构成的。而原材料消耗的比重较小,因而中间投入率小。除了体育无形资产一般是作为其他产业的投入品被购买的,它的消费者主要是企业而不是个人,不具备最终产品消费的特征。大多数体育产品被作为其他产业投入品的比例很小,所以体育产品又具有中间需求小的特点。因而体育产品具有最终产品的特性,能够使人们的基本需求得到较好的满足。

三、体育市场

(一) 体育市场的概念

整个社会市场体系中执行其特殊职能的一个子系统就是所谓的体育市场,其改变具有广义和狭义之分。

从广义上来说,所谓的体育市场,就是指全社会体育产品交换活动的总和。这不仅包括体育劳务和服务产品的交换活动,也包括和体育有关的产品,如运动服装、运动饮料、运动器材等的交换活动,同时还包括一些体育要素,如体育资金、体育人才等的交换活动。

从狭义上来说,体育市场则是指直接买卖体育服务产品、参与或观赏体育活动的场所。比较具有代表性的有对外开放的体育场馆、游泳池、健美健身中心、各种收费的体育培训班等。

(二) 体育市场的要素

体育市场的基本要素主要有三个方面,即体育消费者、体育消费欲望和体育消费水平。

1. 体育消费者

购买体育消费品的人,就是所谓的体育消费者。观看体育比赛和表演;购买运动器材和运动服装;参加健身活动消费的人都属于体育消费者。

2. 体育消费欲望

对体育消费品存在一定的消费欲望和消费需求,就是所谓的体育消费欲望。一般来说,经济发达和体育意识较高的国家和地区,其体育消费的欲望比较强烈。

3. 体育消费水平

按人口平均的体育消费资料的消费数量，就是所谓的体育消费水平。一般而言，体育消费水平的高低能够反映一个国家或地区的经济发展水平。

总之，体育市场的这三个要素之间是相辅相成、相互依赖、相互制约的关系，三者缺一不可。

（三）体育市场的特点

体育市场具有较为显著的特点，具体来说，主要从体育实物消费品市场、体育服务消费品市场以及体育要素市场三个方面得到体现。

1. 体育实物消费品市场的特点

以实物形态向体育消费者提供体育实物消费品的市场，就是所谓的体育实物消费品市场。一般而言，体育实物消费品市场的特点主要有三个方面。

（1）市场需求要求有所差别

体育实物消费资料有专业和业余之分，专业的体育实物消费需求要求较高，业余的要求则相对较低。因此，生产厂家要以不同的市场需求为主要依据来开发不同的体育实物消费品，从而使不同的市场需要都得到较好的满足。

（2）市场需求具有周期性的特点

某一运动可能会在一定时期内风靡某一地区，这时该地区的这一运动项目器材的需求量相应增加，但当流行期过后，对该运动项目器材的市场需求会相应减少。因此，体育实物消费品的经营管理者要善于掌握并抓住市场需求信息，从而使自己的产品做到适销对路。

（3）消费者人数较多

人们参加体育活动，进行体育锻炼都需要一些运动装备，如运动服装、运动器材等，而这些运动装备都属于体育实物消费资料，因此体育消费者越多，对体育实物消费品的市场需求也就越大。

2. 体育服务消费品市场的特点

不提供实物产品，而以活劳动形式向体育消费者提供体育消费品的市场，就是所谓的体育服务消费品市场。具体来说，体育服务消费品市场的特点主要表现在以下四个方面。

(1) 市场需求具有一定的波动性

由于受到外界因素和主观因素的影响，世界各国各地区的体育服务产品的市场需求存在着较大的波动性。这种波动性和一个国家或地区民族的兴趣爱好及社会文化有一定的联系。体育产业经营管理者只有理解和掌握这一特点，才能达到事半功倍的效果。

(2) 市场需求具有一定的不平衡性

体育服务产品的社会需求，在很大程度上受到社会生产力发展水平及经济发展状况的影响。一般来说，经济较发达的国家或地区，人们对体育服务产品的市场需求较高，经济比较落后的地区，对体育服务产品的市场需求相对较低。因此，体育产业经营管理者要以这一不平衡性为主要依据来有针对性地开展体育经营管理活动。

(3) 时间和空间具有一定的一致性

体育服务产品在时间上和空间上是统一的，主要是由于体育工作者生产体育服务产品的这一劳动过程，又是体育消费者对体育服务产品的消费过程，买卖双方、生产者和消费者的行为被融合在一个过程之中。所以，体育产业经营管理者要充分考虑两个方面：一方面，是体育消费者体育消费需求的数量和质量；另一方面，是体育消费者在交通和时间上的方便。

(4) 时间和季节存在着一定的差异性

由于体育消费者参加体育活动，观赏体育比赛均在余暇时间里进行，因此体育劳务或服务产品的市场需求在时间上的差异性较大。一般来说，晚上大于白天，节假日大于平时。再则，由于某些体育劳务或服务产品的消费需求和季节变化、天气变化有着一定的联系。如夏天对游泳池、水上乐园等消暑型的体育劳务或服务产品需求较大，冬天则几乎没有。天气晴好，气候宜人，对体育劳务或服务产品的社会需求会相应增加；刮风下雨，风云突变，会造成原有的体育消费需求因气候原因而被迫取消。因此，这就要求体育经营管理者要对这一差异性有一定的了解和认识，从而取得较好的体育经营效益。

3. 体育要素市场的特点

以体育资金、体育人才、体育技术等体育事业发展的各种要素形态存在的特殊消费品市场，就是所谓的体育要素市场。体育要素市场主要包括体育资金市场、体育人才市场、体育技术市场等，每个方面都有其各自的特点，由此也将体育要素市场的特点充分体现了出来。

（1）体育资金市场的特点

体育资金市场主要由体育广告、体育彩票、体育股票、体育债券、电视转播权的出让及体育无形资产的开发等部门的经营活动所组成。其特点主要表现为：利用当代体育运动的巨大魅力、感召力和吸引力，以体育的经济功能和社会功能为依托，来激发社会企业财团以及消费者对体育进行投资。

（2）体育人才市场的特点

体育人才市场主要是指运动员和教练员的有偿流动市场，一般实行明码标价。体育人才市场的供需双方通常不直接见面，而由经纪人或经纪人组织从中牵线搭桥。

（3）体育技术市场的特点

体育技术商品的交换市场，就是所谓的体育技术市场。当前，已初步形成的体育科技市场的基本内容有承担科研项目，进行科研咨询，出售科研成果，转让科研专利，开展技术咨询、技术服务、技术培训、技术入股和体育科技用品的研制与开发等。体育技术产品本身的特殊性决定了体育技术产品市场也有不同于一般体育商品市场的特点，具体来说，主要表现在：第一，体育技术市场通常是卖方垄断市场，往往供给者只有一个，而需求者则较多；第二，在体育技术市场上成交的体育技术产品，往往都是一次性的；第三，体育技术产品的价格大都是通过供需双方的协商确定。

四、体育消费

(一) 体育消费的概念

体育消费是在社会经济和媒体产业高度发展的基础上建立起来的,如果没有一定的经济基础或者现代媒体业的产生,体育消费是不可能得到发展的。因此,体育消费是经济水平和媒体业共同发展的产物。经过一段时期的发展,体育消费成为推动各行业发展的重要动力,同时也作为重要因素对经济、文化发展产生重要的影响。

在现代生活中,体育消费是人们生活消费的重要组成部分。体育消费就是人们根据自己的需要和条件,在寻求和购买各种体育产品(服务)的行为过程中对体育消费资料的使用和消耗。

一般来说,体育消费主要包括两个部分,一个是体育机关及运动队等在日常训练、科研活动中对体育物质资料的消耗,属于体育行政管理部门的消费;一个是为满足居民个人生活和健身需要而对各种体育物质资料的消耗,属于居民个人体育消费。

体育消费并不是一时一日形成的,它是社会生产力发展到一定阶段的产物,是人们的物质生活在得到基本满足的条件下而产生的一种选择,是人们对体育功能新认识的一种新型消费类型,是人们在闲暇时间里自由选择的一种个人消费行为。随着现代社会的不断发展,以及闲暇时间的不断增多,人们的生活方式逐步发生转变,开始由健身化转向休闲化,这就在一定程度上对人们的体育消费水平的不断提高起到了积极的促进作用。

(二) 体育消费的类型

一般来说,以消费者所获得的不同功能的体育消费品为依据,可以将体育消费大致分为三种类型。

1. 观赏型体育消费

观赏型体育消费是指人们用货币购买各种入场券及门票,通过观看体育比赛来达到愉悦身心目的的各种消费行为。较为具有代表性的有观看足球世界杯、中超比赛、田径世锦赛等。

2. 实物型体育消费

实物型体育消费是指人们用货币购买各种与体育活动有关的体育物质消费资料的行为。具有代表性的消费行为有：购买运动服装、运动护具、运动器材、运动纪念品、体育彩票等。

3. 参与型体育消费

参与型体育消费是指人们用货币购买参加体育活动权力、享受相应服务的消费行为。这种消费类型是体育消费的核心内容，最能代表体育消费的特点。

总的来说，在现实生活中，不同类型的体育消费并没有明显的界限，各种体育消费类型互相交叉在一起，在人们的体育消费中，既有参与型消费、实物型消费，又有观赏型消费，人们通过这一消费活动使自己的精神文化生活得到较大丰富的同时，也在一定程度上推动了体育产业的发展。

（三）体育消费结构

体育消费结构能够在一定程度上将人们体育消费的内容、消费水平以及消费质量反映出来，同时，也能够将人们对体育消费的满足状况反映出来。可以说，体育消费结构是人们在总体体育消费过程中所消费的各种不同类型的体育产品（包括体育劳务）的比例关系。

1. 以全社会或家庭为单位体来看

目前，我国最基本的体育消费结构是人们购买体育用品、体育服装、体育赛事门票以及体育健身等之间的比例关系。总体来看，居民的体育实物消费比重要远远大于非实物体育消费。由于各地区的经济水平有所差别，这也就决定了东部、南部地区的体育消费水平要高于西部、北部地区。

2. 以消费群体的角度来看

体育消费结构主要是大众消费者和商务消费者之间的比例关系。大众体育消费者是体育产品的最终用户，在消费过程中所产生的各种支出构成了体育市场交换价值的一部分。而商务性消费则主要包括政府机关、赞助商和媒体等单位。商务消费者往往不直接参与消费体育产品的过程，而是通过购买、流通和转换体育消费产品，从而构成了体育市场的另一个收入来源。

(四) 体育消费的特征

通常情况下，体育消费的特征主要表现为体育特征、经济学特征、理性消费特征和文化特征。下面就对这几个特征进行分析和阐述。

1. 体育特征

体育消费所具有的体育特征是指消费者以体育运动为中心，采取各种方式进行的体育消费，重点在于体育运动。人们参与体育消费主要有主动体育消费和被动体育消费两种。主动体育消费是一种积极的社会体育行为，是体育运动发展和社会发展水平的一个重要标志。

2. 经济学特征

人们在参与体育消费的过程中，主要是通过货币交换的形式进行消费的。体育消费者只有支付一定的现金，才能获得相应的体育产品或服务，因此我们就可以从经济学角度去考察人们的体育消费行为，由此可以得出，体育消费具有经济学特征。

3. 理性消费特征

人们参与体育消费是一种有意识的行为，这种行为是具有理智性的并且是可重复的消费行为。

4. 文化特征

人们的体育消费行为与自身的文化素质之间有着密切的关系，体育消费者的消费观念和方式反映了不同的文化传统，这也是体育消费者所选择的生活方式的重要组成部分。由此可见，体育消费也具有一定的文化特征。

五、体育资本经营

(一) 体育资本经营的概念

在体育经济、社会活动中,以体育资本增值为目的的经济活动,就是所谓的体育资本经营,具体来说是指体育货币资本、体育人力资本的经营。从某种意义上来说,体育资本经营作为一个经济学属性的概念,是资本运营的理念模式在体育领域中的推广和运用。

(二) 体育资本经营的特点

相较于体育生产经营来说,体育资本经营以体育资本直接运作方式实现体育资本的增值,而往往不会通过体育商品这一中介,或者以体育资本的直接运作为先导,通过体育物化资本的优化组合,从而使其运行效率和获利能力得到有效的提高。在体育货币资本、体育人力资本等要素资本化的基础上,以及体育产权层次上间接支配体育资本各要素,就是所谓的体育资本的直接运作。从实质上来说,体育资本经营就是已证券化了的体育资本,可以按证券化操作的体育物化资本为基础,通过优化配置来使其生产率得到有效提升,从而使体育资本市场价值得到有效提高的经营活动。鉴于此,体育资本经营具有较为显著的特点,具体来说主要表现在以下三个方面。

1. 体育资本经营的目的方面

体育资本经营的主要目的在于较高的体育资本收益。为此,体育资本经营要求将有关的体育财产资本化。体育资本经营不仅表现为体育货币资本、体育虚拟资本彩票、产权凭证三种形式,同时也将其自身特点的体育的人力资本经营表现了出来。

2. 体育资本经营的对象方面

体育资本经营的对象是证券化了的体育物化资本,而不是体育产品、器械、场地等体育物化资本,如股票、股权以及可以转化为股票、股权的有形资产和无形资产。通常来说,体育资本经营与体育资产的具体使用相关的生产销售等经营活动没有太大的关系。体育资本的收益、市场价值以及相当的财产权利,是体育资本较为注重的方面。

3. 体育资本经营的核心方面

体育资本经营的核心在于运行效率问题。具体来说,就是如何通过优化配置提高体育资产的运行效率、体育货币资本与体育人力资本的运行效率,从而对体育资本的不断增值起到积极的推动作用。在运作方式上,主要有两种形式:一种是表现为以产权市场为依托,实现体育产权交易,卖出收益较低的资产,买进预期收益率较高的资产,使体育资本结构不断优化,确保体育资本的保值、增值的转让权的运作;一种是表现为以获取较高的收益为目的,长期持有某一体育企业,如俱乐部的全部股份或部分股份,并能参与有关的战略决策的收益权和控制权的运作。

(三) 体育资本经营的内容

相较于一般意义上的资本来说,体育资本有着较大的差别,具体来说,其所包含的内容主要有两个方面:一方面,是资本市场上的各种货币资本;另一方面,是各种体育市场的虚拟资本、技术和人力资本。从广义上来说,体育资本运营将资本运营仅仅存在于企业的局限打破,以体育赛事为代表的项目运作等各方面也将其充分体现了出来。

近年来,资本风险投资和项目管理的理念被一些体育赛事的承办及经营者运用到体育赛事的运作管理中,通过利益共享、风险分担的方式,将赛事的各项收益进行分割,将银行、保险、风险投资公司、彩票发行商等资本运作主体引入赛事的运作经营中,使体育赛事融资渠道得到进一步的拓宽;将体育赛事的经营转化成为集合各种性质资本的投融资项目形式,使体育资本经营的效率得到了非常大的提高,盘活了游资。使得体育资本经营展现前所未有的活力,其高风险高回报的投入产出模式,吸引了大量的资本注入,成为拉动产业经济发展的一大动力。

(四) 体育资本经营的作用

中国体育需要进行资本经营,其不仅与体育发展的方向有着非常密切的关系,同时,也是体育发展的一个重要动力。从体育资本经营的内涵及其变化发展的过程看,其在很多方面都有着较为重要的作用和意义,具体来说,主要从以下三个方面得到体现。

1. 能够使中国体育企业的发展速度进一步加快

经过不断的发展,我国的体育竞技已经取得了理想的成绩,规模也越来越大。但是我国体育企业也存在着一些问题,比如,有的体育俱乐部盈利水平下降,亏损严重,有的与体育联姻的企业在低效、无效甚至负效运营,大量的存量资产难以流动重组,经营机制不活,资本运营率不高,有的濒于破产。从实际意义上来说,这种俱乐部,有关的企业问题是在计划经济体制下积累起来的,有的是在改革过程中形成的。从总体上说,导致这些问题的原因主要是缺乏资本和资本经营观念,不懂得体育货币、体育人力可以转化为资本,鉴于此,可以开展体育资本经营。体育资本经营活动能够对体育货币、体育人力向资本转化起到积极的促进作用。

2. 有助于体育企业改革、经济增长方式的进一步优化

包括体育资本在内的体育生产要素的组合和利用方式,就是所谓的体育经济增长方式。长期以来,在体育领域是实行计划经济体制下的粗放型的增长方式,表现为在体育领域中依靠大量增加体育生产要素以求体育经济增长,形成了一定的结构性矛盾,具体表现为:资产存量大,体育企业规模小,素质不高,小而全,重复分散等。对于此,体育资本经营通过促进资产的流动重组来使体育经济增长方式得到改进和优化。由此,可以将体育资本经营的作用大致归纳为两个方面:一方面,是体育产权证券化的作用,具体来说,就是体育资本经营要求在证券化了的资本或按证券化操作的资本基础上进行,这就使体育企业的资产在体育资本市场和体育产权市场流动,从而也为体育资产的重组奠定了较好的基础;另一方面,是体育资本经营机制的作用,具体来说,体育资本经营的一个核心指标,是体育资本的利税率和体育资本的回报率。为此,体育企业经营者必然会自觉地按体育资本经营的规律操作,这样在体育资本经营机制作用下,长期的粗放经营使得大量资产闲置,长期在低

效、无效、负效状态中运行。

3. 能够对现代企业管理制度的建设起到积极的促进作用

体育资本经营有利于体育领域或体育相关领域的体育现代企业制度的建立和发展，通过现代企业制度的建立，可以为体育资本经营的实施奠定良好的基础。换句话说，建立体育领域的现代企业制度就是要建立适应市场经济要求、产权清晰、权责明确、政企分开、管理科学的现代企业制度，确定体育企业的法人财产权，明确体育投资主体和建立规范化的体育企业法人治理结构及其约束机制，使体育企业如俱乐部成为真正的体育市场竞争主体，使体育企业以体育资本为核心经营，并将体育资本的保值、增值以及体育资本效率和体育资本收益最大化，是体育企业经营的根本目标所在。体育资本经营对完善体育领域的现代企业制度具有积极作用，其对于体育企业的法人财产权的确立，体育企业的投资主体的明确，以及整个社会的资本市场都会产生积极的促进作用，因此可以说，其对资本市场包括体育资本市场的发育也会产生非常积极的影响。

第二节 体育产业的内容与类别

随着体育运动的不断发展，与之相关的体育产业的内容也逐渐得以丰富，体育产业的类型划分也越来越明确，越来越细致。下面主要对体育产业的内容和类别进行分析和阐述，从而更好地了解体育产业。

一、体育产业的内容

体育产业能够使人们对体育的多样化需求得到满足，是一切生产性组织和经营性组织的集合，是包括体育生产制造业、体育用品销售业、体育设施业、体育服务业等在内的综合产业。体育产业的内容主要包括四个方面，即体育本体产业、体育相关产业、体育延伸产业和体育边缘产业。

(1) 体育本体产业

体育本体产业指以体育自身特性为主要依据而进行生产、服务的部门，比较具有代表性的有体育培训业、竞赛表演业等，是一种产业部门群。

(2) 体育相关产业

体育相关产业指以体育为资源和手段进行生产、服务的部门，比较具有代表性的有体育用品制造业、体育广播等，是一种产业链。

(3) 体育延伸产业

体育延伸产业指在体育产业周围形成的综合性的行业网络，各个行业之间没有性质上的联系，只有形式上的联系，比较具有代表性的有体育赛票、体育保险、体育旅游、体育经纪等，是一种行业网络。

(4) 体育边缘产业

体育边缘产业指为了更好地发挥体育本体产业的效益而提供综合服务的部门，比较具有代表性的有为体育活动提供的饮食、住宿以及纪念品等，是体育本体产业的重要组成部分。

二、体育产业的类别

在体育产业的分类上，国内外体育专家所持的观点也存在着一定的差异性。下面就对此进行详细的分析和阐述。

(一) 国外体育专家对体育产业的分类

依据国外体育专家及学者的观点，可以将体育产业分为三种模式。

(1) 皮兹模式

皮兹模式是由学者皮兹于1994年提出的，这一模式把体育产业分为体育表演、体育生产、体育推广三类。

(2) 米克模式

米克模式是由米克于1997年提出的，这一模式把体育产业分为体育娱乐、体育产品、体育支持性组织三个部分。

(3) 苏珊模式

苏珊模式是由苏珊于 2001 年提出的，这一模式将体育产业划分为体育生产和体育支持两大类，其中体育支持类还可以扩展为政府内相关的体育机构、各种类的体育协会、体育管理公司、体育媒体、体育用品的制造和销售、体育设施的建设与运营六个种类。

总体来看，国外体育专家及学者对体育产业的分类是在当代西方社会经济条件下体育产业的生存和运作方式的基础上进行的。在西方发达国家，体育产业的发展时间较早，体育产业被普遍认知为向市场提供体育娱乐产品的行业，基于此，国外体育学者及专家对体育产业的分类基本上是按照体育娱乐产品的生产、营销、组织管理的业务流程的细分。他们对体育产业分类的思路基本相同，就是以体育娱乐产品的生产与管理流程为依据来进行分类，在这一前提下，体育产业系统主要分为三个部分，即体育生产子系统、体育营销子系统和体育支持保障子系统。

另外，体育产业链上下游的关系也可以作为一种划分标准来进行分类，按照这一划分标准，能够将体育产业划分为上游产业、中游产业和下游产业。其中，上游产业是指体育产业的原产业，主要反映体育产业的原生态，包括健身娱乐业和竞赛表演业；中游产业是指间接为健身娱乐业和竞赛表演业服务的支持性产业，包括体育器材、体育服装、体育鞋帽、体育媒体、体育中介、体育培训、体育场馆运营、体育保健康复等；下游产业是指间接为上游和中游产业服务的相关产业，缺少下游产业并不会对原产业的生存和运作产生影响，包括体育食品、体育饮料、体育旅游、体育建筑、体育博彩、体育房地产等。

依据体育产业链上下游关系的划分标准，是与体育产业发展特点相符的，它主要对体育产业是以体育活动为原点的生产、经营以及开发的产业链进行了阐述，同时，也表明了体育产业与一般产业之间的关系，突出了体育产业自身的特点。

在现代市场经济条件下，体育产业的发展和革新的速度是非常快的。例如，群众体育中的体育活动因组织方式的变革而产生了健身娱乐业；竞技体育中的体育活动因竞赛组织的商业化和职业化的发展而产生了竞赛表演业。围绕这两个主业，经过不断的变革与发展又产生了一系列衍生性的产业。在新时期我国体育产业发展的过程中，必须将群众体育和竞技体育的发展作为重中之重，因为这两个主业是整个体育产业发展的源头，只有上游产业做好了，中游和下游产业才能得到更好的发展。

（二）国内体育专家对体育产业的分类

国家体育总局颁发的《体育产业发展纲要》（简称《纲要》）中也对体育产业进行了类型的划分。具体来说，就是将体育产业主要划分为体育主体产业、体育相关产业和体办产业等，这一划分方法是国内关于体育产业最为权威的划分方法。

（1）体育主体产业

体育主体产业是指由体育部门管理、能发挥体育自身价值和功能的、提供体育服务为主的体育产业经营活动。体育主体产业主要包括竞技体育产业、体育教育科技产业、群众体育产业、体育彩票和体育赞助等。

（2）体育相关产业

体育相关产业是指与体育有关的其他产业的生产和经营活动，如体育场地、体育器材、体育服装、体育食品、体育饮料、体育广告和传媒经营与管理等。

（3）体办产业

体办产业是指体育部门为创收和补助体育事业的发展而开展的、体育主体产业以外的生产经营活动。

体育商品不同的性质是《纲要》对体育产业进行类型划分的重要依据。这一划分标准可以将体育产业分为两大类：一类是可以分为竞赛表演、健身娱乐、体育媒体、体育旅游、体育培训、体育博彩、体育中介、体育康复保健等的体育服务业,另一类是可以分为体育器材、体育服装、体育鞋帽、体育食品、体育饮料、体育建筑等的体育配套业。

需要注意的是,《纲要》对体育产业的类型划分既有一定优点,也存在着一定的缺点。具体来说,优点主要表现在两个方面:一方面,其将体育产业的概念与分类突出了出来;另一方面,这一分类方法具有较强的可操作性,对于体育市场的培育和发展是较为有利的。缺点主要在于这种分类是站在部门管理的角度上对体育产业的分割,在此标准下,第一类和第三类产业是体育部门管理的,第二类则是体育部门无法管理的。因此,从这一方面看,《纲要》对体育产业分类的科学性是较为欠缺的。

第三节 体育产业的属性与特征

体育产业具有其本身的特殊属性,同时,也具有较为显著的特征。需要强调的是,我国的体育产业与世界范围内的体育产业在特征上存在着一定的差异性。

一、体育产业的属性

体育产业是在现代市场经济条件下形成的一种产业形态,可以说,体育产业是体育运动由原来自给自足的模式向组织化、生产化、消费化和盈利化的产业运营模式转变的产物。体育产业是在市场经济条件下,体育活动组织专门化、参与消费化、运作营利化孕育的新型产业形态。它的外显形式是体育商品的不断涌现,以及体育经营企业的不断扩张。但是判断体育产业属性的关键在于其价值内核,因为价值内核对体育产业的存在与发展产生了重要的决定性作用,如果体育产业没有了价值内核,则体育产业将不复存在。由此可以判定体育产业的基本属性只能是隶属于第三产业的现代娱乐业。

另外，在体育相关产业中，也存在着体育服装、鞋帽、器材、食品、饮料等大量的实物性商品，这些是否属于体育产业，要通过体育产业的概念来判定。首先，体育服装、器材等实物性产品都是围绕体育活动而开展的，二者有着明显的主副关系。体育物质产品的生产经营作为主业配套而存在，并不构成对体育产业本质的否定；其次，世界上所有的国家都将体育服装、器材等的生产和经营排除在体育产业之外，这已经形成了一个共识。很多国外学者认为，判定体育服装、器材等实物产品是否属于体育产业的关键在于使用此种产品的意图和此种产品的最终市场。社会大众使用体育服装、器材等实物性产品的根本意图是进行体育活动，而这些产品最终的市场也属于体育消费市场。由此可以得知，应该将这些体育实物产品归为体育产业一类。

从上述内容中可以得知，在认识与了解体育产业的基本属性时，要本着透过现象看本质的原则进行。不仅要坚持质的规定性，即坚持娱乐业是体育产业的基本属性；还要坚持体育产业上下游之间的天然联系，不能把体育产业限定在只提供体育服务产品的一维空间。只有这样，才能对体育产业的本质属性有更加深入的了解和认识。

二、体育产业的特征

体育产业有着较为显著的特征，而对于世界体育产业和我国体育产业来说，二者的特征是有所差别的。下面就分别对世界体育产业和我国体育产业的特征进行分析和阐述。

（一）世界体育产业的特征

世界体育产业的显著特征，主要表现在以下四个方面。

1. 商业化程度较高

目前，体育产业进入了一个快速发展的阶段，体育产业渗透进社会生活的各个方面、各个行业之中。而体育产业的高度商业化是其发展的主要特征之一。以美国 NBA 职业篮球联赛为例，NBA 是迄今为止最成功的体育经济产品之一。NBA利用多年积累下来的完善的市场运作、成熟的商业理念、全方位的产品包装等将其商业帝国成功地推向全世界。

2. 有着广泛的影响力

随着现代文明病的不断肆虐，人们对体质健康提出了更高的要求，在业余时间大多数人倾向于参加各种各样的健身运动。由于人们可以在体育运动中体验到健康和乐趣，因此世界体育人口的数量呈现出不断增长的趋势。现代体育产业的魅力巨大，尤其体现在商业价值上，它吸引着众多的公司以体育赞助和广告的形式参与体育产业，影响力非常广泛。

3. 有着较高的产业产值

随着现代社会的不断发展，经济水平也上升到了一个新的高度。随着人们体育活动需求的不断增长，体育产业的产值也在不断地提高。体育产业消耗能源少，环境污染少，符合转变经济增长方式的要求，是一个可以长期存在和可持续发展的产业。

4. 从业人数较多

由于体育产业有着较为广泛的影响，促使体育产业成为就业的重要途径，也在一定程度上解决了就业难的问题，因此，具有促进就业的特征。伴随着体育运动的社会化、职业化、商业化，体育产业的国际化程度正在不断加强，体育产业必将在扩大内需、吸纳就业等方面，在国民经济发展中发挥巨大的推动作用。

(二) 我国体育产业的特征

相较于西方国家的政治体制来说，我国是具有中国特色的社会主义国家，因此，我国体育产业的特点与西方国家体育产业的特点也存在着一定的差异性。我国的体育产业具有体育事业和体育产业之分。具体来说，可以从以下三个方面得到体现。

1. 属性和特点的差异性

体育事业更注重社会效益，具有公益性和福利性，满足社会精神文明的需求是其主要任务。体育产业对经济效益更为注重，具有商业性质，谋求获利则是其主要目的所在。

2. 资金来源方面的差异性

我国现行的财税政策表现为，财政方面，事业单位所需资金是由国家财政拨款，企业所需资金是通过自筹或由银行贷款；税收方面，办事业不收税，办企业则交税。

3. 经济性质方面的差异性

事业经济的性质是产品经济，主要是靠行政指令来运行，在其运行机制中，以福利、公益和社会效益为主。产业经济的性质是商品经济，主要是靠市场调节来运行，其运行机制要求以经营为主，并在提高社会效益的基础上不断提高经济效益。

第四章 现代体育消费

在社会主义市场经济体制条件下，我国的科技和经济的发展日益迅速，社会生产力水平不断提高，人们的生活水平、消费结构、消费习惯、消费意识等也在发生了翻天覆地的变化，加之体育产业的迅速勃兴，体育消费领域实现了前所未有的发展。体育消费已经成为现代人们生活消费的重要组成部分，同时也成为体育经济学研究的重要内容之一。本章着眼现代体育消费，对现代体育消费的内涵与特点、消费效用与态度、消费水平与行为和现代体育产品市场进行了深入分析，以期为现代体育经济的发展提供新思路。

第一节 现代体育消费内涵与特点

一、体育消费的含义

（一）消费的一般含义

消费是人类经济社会的重要组成部分，存在于人类社会的各个角落。正如《马克思恩格斯全集》所言："人从出生起无时无刻不在消费，无论是在他开始生产以前，还是在生产期间，都是一样。"[1]

从经济学角度来讲，消费主要包括两部分，即生产消费和生活消费。其中，生产消费有两个方面：第一，物质生产过程中所发生的原材料、燃料等的消耗以及生产工具磨损的过程；第二，物质生产过程中所

---

[1] 中共中央马克思恩格斯列宁斯大林著作编译局. 马克思恩格斯全集（第23卷）[M]. 北京：人民出版社，1972：191.

发生的劳动者脑力和体力的支出。生活消费主要是指人们将生产出来的生活资料（物质消费品、精神消费品等）消费掉的过程。

我们通常说的消费主要是指个人的生活消费。由于个人生活消费受多方面因素的影响，所以个人所呈现出的消费行为是有所不同的。一般来讲，人们消费行为的发生主要源于对三种需要的满足，即对生存需要的满足、对发展需要的满足以及对享受需要的满足。

（二）体育消费的含义

体育消费的含义有狭义和广义之分。其中，狭义的体育消费主要是指人们在体育活动方面的消费支出，不仅包括人们直接参与体育活动的支出（如到健身俱乐部健身等），还包括人们间接参与体育活动的支出（如观看体育比赛等）。广义的体育消费则主要是指一切和体育活动有直接或间接关系的个人消费行为。例如，为了观看体育比赛所支付的交通费、住宿费等。

二、体育消费的地位

（一）体育消费在社会消费结构中的地位

根据马克思主义的相关理论，社会消费结构主要包括三个方面的内容，即生存性消费、发展性消费以及享受性消费。

生存性消费是最低层次的，是人们为了维持基本的生存需要而进行的消费，主要包括物质性消费，而体育消费的非迫切性决定了其在生存性消费阶段的地位是比较低的。

发展性消费是人们在满足基本生存需要的基础上形成的，是较高层次的消费。它是人们为了寻求更好、更高的发展而产生的消费需求。而体育消费所具有的满足人们更好发展需求的功能使其受到人们的喜爱，所以在发展性消费阶段，体育消费占据着一定的地位。

享受性消费是最高层次的消费，随着经济的不断发展，人们收入水平的不断提高，精神消费越来越受到人们的关注。这一阶段，体育消费作为一种能够丰富人们精神生活的消费，不仅是个人休闲消费的重要组成部分,而且在社会消费结构中占据重要的位置。

(二)体育消费在居民生活消费中的地位

体育消费是社会生产力发展到一定程度的产物,是在人们满足自身基本生存需要的基础上产生的。体育消费在居民的生活消费中扮演着重要的角色,它能够满足人民日益增长的体育文化需求,提高人民的身心素质,丰富人们的精神生活。此外,体育消费还能在一定程度上反映社会的经济发展水平与人们的生活水平。体育消费在居民生活消费中的地位主要体现在体育消费的不可或缺性上,体育消费所具有的娱乐消遣、锻炼身体等功能决定了其是人们生活的重要组成部分,是不可或缺的。

三、体育消费的性质与特点

(一)社会主义体育消费是文明、健康、科学的消费

由于社会主义体育消费坚持科学社会主义的人生观和价值观,所以它不仅能够使人们在休闲娱乐时真正实现身心的和谐发展,而且有助于人们德、智、体、美、劳全面发展,进而在全社会形成一种文明、健康、科学的消费行为。

(二)体育消费增长与经济增长的互助性

体育消费增长与经济增长的互助性表现在两个方面:一方面,体育消费的增长能够扩大体育产业的发展规模,推动体育产业的发展,从而为社会经济的发展提供动力支持;另一方面,社会经济的增长能够为体育产业的发展提供必要的经济条件支持,人们收入的提高也会扩大其对体育产品的需求,从而有助于体育消费的增长。

(三)体育消费需求弹性小

根据马斯洛的需求层次理论,体育消费属于发展和享受资料消费,从人类需要的紧迫程度上讲,体育消费需求并不是人类生存必不可少的需求。所以,相较于生存需要,体育消费需求的弹性相对较小。

(四)体育消费项目流行周期短

一般情况下,体育消费项目的流行周期为四年左右,是比较短的。当体育消费项目处于流行期时,人们对它的需求度会比较高;而当流行

期过去后，人们对这一体育消费项目的需求度会明显下降，直至这一体育消费项目因失去竞争力而退出体育市场。

(五) 体育消费具有不均衡性

受经济发展水平的制约，不同地区的体育消费水平具有明显的不均衡性。以我国为例，东部沿海地区经济发展水平高，人们整体的体育消费水平也比较高；而西部偏远地区的经济发展水平低，人们的体育消费水平几乎为零。即使是同一地区，人们的体育消费也具有不均衡的特点，如可支配收入高的消费者多参与高尔夫球等较高级的体育消费项目，而可支配收入一般的消费者则多选择相对低廉的体育消费项目。

(六) 体育消费具有一定的盲目性

体育消费具有一定的盲目性，这种盲目性主要是由体育服务产品的无形性决定的。人们在购买有形的商品时，可以通过观察、触摸等方式来对商品进行初步的分析与鉴定，然后再做出是否购买的决定。而体育服务产品的无形性使人们在消费之前很难对其进行切实的感知与体验，这在一定程度上使体育消费具有盲目性的特征。

(七) 体育消费具有文明的进步性

体育消费能彰显一个国家或民族的精神风貌，具有显著的文明进步性。体育消费的文明进步性主要表现在三个方面：第一，体育消费不仅能够提高人们的身体素质，而且有助于提高人们的心理素质；第二，体育消费成为一种新型的交往手段，在强化人际交往的同时，有助于社会精神文明的建设；第三，体育消费不仅能够满足人们修养身心的需求，而且能够提高人们的身心素养，进而有助于人们养成一种科学、文明的生活方式。

第二节 现代体育消费效用与态度

从经济学角度对现代体育消费进行研究，需要依赖一个基本的前提假设，即人们在进行体育消费时，会乐意去选择他们认为价值最高的体育产品。经济学家在对消费进行研究时，通常会从"效用"这一概念出发，推导出消费者的需求曲线，在此基础上对消费行为进行分析与研究。所以，这里主要从体育的效用与相关概念出发，对现代体育消费的效用与态度进行研究。

一、体育消费的效用与相关概念

（一）体育消费的效用

所谓体育消费的效用，指的是消费者通过体育商品消费所获得的满足程度。所以，消费的效用中含有一定的心理成分，即消费者会倾向于选择能够使他们感受到满足和快乐的商品及服务，而有选择性地回避会使他们感到失望和痛苦的商品及服务。由此，我们可以判断某种商品或服务对消费者是否产生效用以及所产生效用的大小。

（二）体育消费的无差异曲线

根据经济学中无差异曲线的概念，体育消费的无差异曲线指的是能给体育消费者带来同等效用的各种体育商品不同组合的曲线。

体育消费的无差异曲线具有三点特征。

第一，体育消费的无差异曲线是一条向右下方倾斜的曲线，斜率是负值。也就是说在收入和价格不变的条件下，为了使体育消费者保持最初的效用水平，增加一种体育商品的消费，就必须减少另一种体育商品的消费，两种体育商品不能同时减少，也不能同时增加。

第二，在同一个平面上，可以同时存在无数条无差异曲线，不同的无差异曲线表示体育消费者不同的满足程度。离原点越远，满足程度就越高。

第三，同一平面上的任何两条无差异曲线都不能相交，如果其中两条无差异曲线相交，就说明两条无差异曲线相交点的体育消费者满足程度是相同的。

二、体育消费者预算约束

体育消费的无差异曲线展示的是不同体育商品的不同组合带给体育消费者相同的满足程度，从中可以看出体育消费者对体育商品不同组合的偏好。但是，无差异曲线是在不考虑收入变化和价格变化的前提下绘制的，不能解释体育消费者的所有行为。体育消费者为了达到效用的最大化，会尽可能使自己的体育消费处于距离原心最远的那条无差异曲线上，而事实上，他们的消费会受到时间、金钱、体力、收入等客观条件的限制，这就是经济学上所说的预算约束。

根据经济学上的预算约束线，假设某一体育消费者既喜欢足球赛又喜欢健美操书籍，可以绘制出该体育消费者的预算约束线。

三、体育消费者选择

体育消费者的选择，表明的是体育消费者的态度。将无差异曲线和预算约束线结合起来，就可以对体育消费者的态度进行深入分析。

总之，体育消费者的偏好可通过无差异曲线来呈现，但是体育消费者的选择则需要通过无差异曲线和预算约束线的结合来分析。而如果我们能够获得足够多的体育消费者在价格和收入变动时做出的选择的信息，就能判断其偏好。

第三节 现代体育消费水平与行为

一、体育消费水平

（一）体育消费水平的含义

所谓体育消费水平，指的是按照一定人口平均的体育消费资料的消费数量，可以用价值单位，即货币单位来表示。体育消费水平是对人们实际消费的体育消费品的数量和质量的反映，反映的是人们在一定时间范围内体育消费需要的实际满足程度。

（二）体育消费水平的影响因素

从国际视野来看，经济发达国家的体育社会化程度通常较高，人们的体育意识也比较强，因而体育消费水平也比发展中国家和经济相对落后的国家要高。发展中国家和经济相对落后的国家，体育社会化程度和人们的体育意识都比不上经济发达国家,体育消费水平则相对较低。

一定时期体育消费领域的开拓状况和发展水平既受当时社会经济发展的制约,也不可避免地会受到社会文化背景以及消费者的消费意识和消费手段影响。体育消费水平取决于社会生产力发展水平,和当时的社会经济发展状况、体育社会化程度等密切相关。以下对影响体育消费水平高低的主要因素进行具体分析。

1. 社会经济发展状况

体育消费是发展消费和享受消费,属于中高层次的消费,只有在人们收入水平足以支付生存资料且有剩余的情况下,才能得到一定的发展。所以,只有经济发展到一定层次,国民收入增长到一定程度,人们的可支配收入有所上升,体育消费水平才能得到有效提升。通常情况下,经济发达国家的体育消费水平都比发展中国家和经济相对落后的国家要高。

2. 体育社会化程度

体育社会化程度高、全民体育意识强的国家,参与体育运动的人口也比较多,因而整体的体育消费水平也比较高。而我国经常参加体育锻炼的体育人口在总人口中的占比仍然不多,体育社会化程度不高。

由此可见,除了社会经济发展状况,体育社会化程度不高也是制约体育消费水平的一个重要因素。近年来,随着"体育强国"战略的实施和大众体育的逐渐兴盛,我国的体育人口逐渐增多,体育社会化程度也在不断提升,全民的体育意识也随之不断增强,我国的体育消费水平将在经济飞速发展和体育社会化程度不断提升的背景下,实现新的飞跃。

(三) 体育消费水平的衡量指标

衡量体育消费水平的定量指标主要有体育消费价值总量、体育实物消费资料的消费总量、体育服务消费资料的消费总量、闲暇时间用于体育消费的时间总量和其他指标,以下对其进行具体分析。

1. 体育消费价值总量

所谓体育消费价值总量,指的是体育消费者在一定时期内用于体育消费开支的货币总量。体育消费价值总量是对一定时期整个社会体育消费水平的衡量，所以属于综合性指标。

2. 体育实物消费资料的消费总量

所谓体育实物消费资料的消费总量，指的是体育消费者在一定时期内购买的体育实物消费资料的总量。

体育实物消费资料的消费总量既可以用体育实物消费资料的产品数量表示，也可以用价值（货币）单位表示。鉴于体育实物消费资料有各种各不同的类型，每种类型的物理性能、形态、价值量大小等也存在差异，很难正确计算出体育实物消费资料的消费总量，所以我们通常用价值（货币）单位来表示体育实物消费资料的消费总量。

体育实物消费资料的消费总量作为体育消费水平衡量指标主要有两个方面的作用。一方面，体育实物消费资料的消费总量能够反映出一定时期内社会对体育实物消费资料的有效需求情况；另一方面，体育实物消费资料的消费总量也能够在一定程度上反映出体育相关产业在一定时期内的生产状况和有效供给情况。

3. 体育服务消费资料的消费总量

所谓体育服务消费资料的消费总量，指的是体育消费者在一定时期内购买的体育服务消费资料的总量。体育服务消费资料主要呈现为商品形式，在社会主义市场经济条件下，以商品形式呈现的体育服务消费资料也越来越多，因此我们也可以用价值（货币）单位来表示体育服务消费资料的消费总量。

体育服务消费资料的消费总量作为体育消费水平衡量指标主要有三个方面的作用：第一，体育服务消费资料的消费总量能够反映出体育服务消费资料的市场供需情况；第二，体育服务消费资料的消费总量能够在一定程度上反映出体育产业部门的生产状况；第三，体育服务消费资料的消费总量能够反映出大众体育在全社会的普及程度。

4. 闲暇时间用于体育消费的时间总量

所谓闲暇时间，又被称为业余时间、自由时间，指的是人们除从事正常工作、满足基本生理需要的活动、必要的家务劳动、教育后代等之外用于消费产品和学习、交际、娱乐、体育等自由活动的时间。人们闲暇时间的多少，取决于人们所处社会生产力发展水平的高低，通常情况下，科学技术越进步，社会生产力水平越高，人们的闲暇时间也就越多。

闲暇时间是人们进行各种闲暇消费的重要条件，也是体育消费的前提条件。所以，我们可以将闲暇时间用于体育消费的时间总量作为量化指标，对体育消费水平进行评价与衡量。

5．其他指标

除以上衡量指标外，年龄（老、中、青、少、幼）、职业（工人、农民、解放军、干部、教师等）、文化程度（大学、中专、高中、初中、小学等）、地区环境、家庭收入情况等也可以作为体育消费水平的衡量指标。

二、体育消费行为

体育消费行为发生的前提是体育消费者对体育功能价值有一定的认识与理解。依据这一前提，我们可以将体育消费行为定义为：体育消费行为是人们为满足自身欲望和需求对体育商品进行选择、购买、评价的心理和实体活动。体育消费行为的心理活动和实体活动的具体内容如图4-1所示。

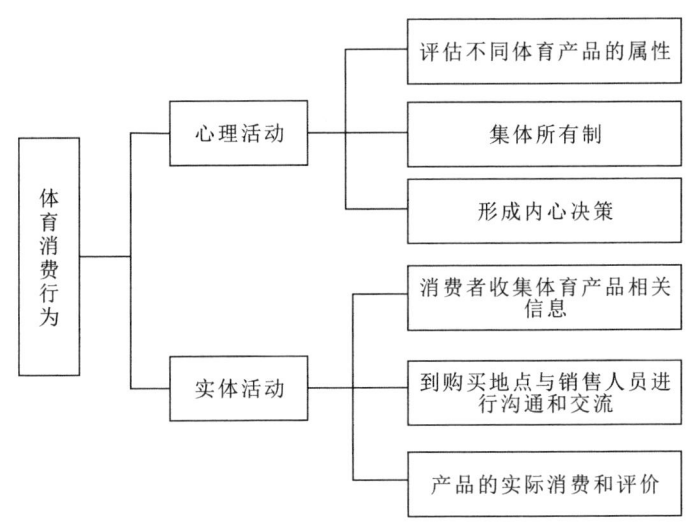

图 4-1 体育消费行为

体育消费行为是社会发展到一定阶段的产物，其产生和发展一方面需要以人们的物质生活得到满足为前提，另一方面也需要体育达到一定程度的社会化和普及化。在经济学领域，对消费行为进行深入研究的学者有很多，不同学者从不同的视角构建了各自不同的理论体系，比较著名的有霍华德—谢思的消费行为模式和恩格尔等的 EKB 模式，以下借助这两种模式对体育消费行为进行具体分析。

（一）霍华德—谢思的消费行为模式

霍华德—谢思的消费行为模式的提出者是学者霍华德，提出时间是 1963 年。1969 年，由霍华德和谢思共同修正的霍华德—谢思的消费行为模式正式形成。以下我们通过霍华德—谢思消费行为模式的四大因素对体育消费行为进行分析。

1. 刺激或投入因素

刺激或投入因素即输入变量，指的是由销售部门控制的因素，主要包括产品实质刺激因素、产品符号刺激因素、社会刺激因素三种。在体育消费中，产品实质刺激因素主要指的是体育产品的质量、价格、特征等；产品符号刺激因素主要指的是通过推销员、广告、媒体等向消费者展示和传递的体育产品的特征；社会刺激因素主要包括对体育消费行为产生影响的家庭、相关群体、社会阶层等。

2. 外在因素

外在因素即外在变量，指的是消费决策过程中的文化、个性、财力等外部影响因素。在体育消费中，影响消费者行为的外在因素主要有体育运动相关群体、体育消费者所处的社会阶层、体育消费者所面对的时间压力、体育产品自身的选择性以及文化和亚文化等。

3. 内在因素

内在因素即内在过程，指的是在刺激或投入因素和反应或产出因素之间起作用的因素。在体育消费中，体育消费者的需求动机和信息反应敏感度会影响体育消费者内心对刺激或投入因素的接受程度，而体育消费者购买欲望的强度和"学习"的结果又会对体育消费者的信息反应敏感度产生一定的影响。体育消费者在面对自己感兴趣的体育产品时，通常会表现出"认知觉醒"，而在面对自己不感兴趣的、与自己无关的体育产品时，则会显示出"认知防卫"。至于体育消费者的偏好和选择，则会受"决策仲裁规则"的制约，即体育消费者会在根据自己的动机强度、需求紧迫度、预期欲望满足程度、对过去消费体育产品的感觉等，按照一定顺序排列各种类型的体育产品，有侧重点地进行购买决策。

4. 反应或产出因素

反应或产出因素即结果变量，指的是购买决策过程引发的购买行为，主要包括三个阶段，即认识反应阶段、情感反应阶段和行为反应阶段。在体育消费中，认识反应指的是体育消费者对体育产品的注意和认识；情感反应指的是体育消费者对满足其动机的相对能力的估计；行为反应指的是体育消费者是否购买或购买哪一种体育产品的认识程度预测和公开购买行为。

（二）恩格尔等的 EKB 模式[①]

恩格尔等的 EKB 模式是当前消费者行为研究中较为清晰完整的理论，于 1968 年提出，并于 1984 年修正，整个模式分为中枢控制系统、信息加工、决策过程和环境四个部分，如图 4-2 所示。

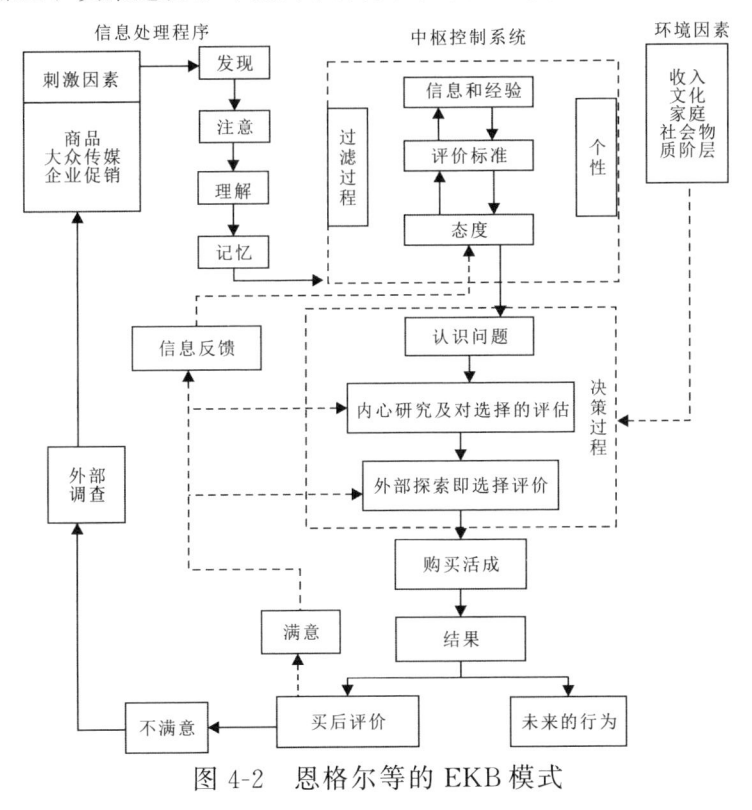

图 4-2 恩格尔等的 EKB 模式

---

① 此模式是由恩格尔（Engel）、科特拉（Kollat）和克莱布威尔（Blackwell）三个人名字的第一个字母合拼而成的。

EKB 模式重点是从购买决策过程对消费行为进行分析，根据该模式的相关理念，体育消费行为也可从体育消费者的购买决策过程进行分析。

体育消费者的购买决策过程指的是体育消费者态度形成的过程，主要包括认识需求、收集信息、方案评估、购买决策、购后行为五个阶段。认识需求即体育消费观念，是体育消费行为的内在机制，主要包括体育消费行为的目的和动机两个方面；收集信息指的是促使体育消费者发生消费行为的体育消费信息的传递、传播和收集，体育消费者所能收集到的体育消费信息主要来自体育消费者的个人资源和外界的营销资源、实验资源；方案评估即选择判断，指的是体育消费者在掌握一定的体育消费信息后对体育消费对象的质量、价格、属性等进行的对比与评价；购买决策指的是体育消费者做出购买行为的过程；购后行为指的是体育消费者在实施购买决策过程后的感觉和再次购买的态度与行为。

第五章　现代体育市场研究

现代体育市场的形成与发展不仅对体育产业的发展有巨大的推动作用，而且对我国经济的发展有重要的影响。本章重点对现代体育市场进行阐述，首先对现代体育市场进行概述，而后分别对现代体育消费市场、现代体育劳动市场和现代体育产品市场展开具体分析。

第一节　现代体育市场概述

一、现代体育市场的概念、作用及特点

(一) 现代体育市场的概念

现代体育市场有狭义和广义之分：狭义的现代体育市场主要是指买卖体育服务这种特殊消费品的场所，如体育馆、健身俱乐部等，消费者可通过支付一定的费用，直接购买体育物质产品和体育服务产品；广义的现代体育市场主要是指全社会体育服务产品交换活动及交换关系的总和。我们通常所说的体育市场主要是狭义的现代体育市场。

(二) 现代体育市场的作用

现代体育市场的作用主要包括四个方面的内容：体育产品的交换作用、体育资源的配置作用、体育信息的反馈作用和体育经济的调节作用。

1. 体育产品的交换作用

现代体育市场是联结体育产品供给者与需求者的重要桥梁，起着交换体育产品的重要作用。供给者通过体育市场将生产的体育物质产品和

体育服务产品销售出去，需求者通过体育市场满足自身的体育需求。体育市场不仅有效地满足了供给者与需求者双方的需求，而且有力地推动了现代体育的发展。

2. 体育资源的配置作用

所谓资源配置，主要是指通过对相关资源进行有效的分配，使原有资源发挥出更大的价值。现代体育市场对体育资源配置的作用主要表现在：在有效分配的基础上，充分利用各种体育资源，生产出更多、更好的体育产品。实践证明，发挥体育市场对资源的配置作用，不仅能够实现对体育资源的优化配置，而且能够有效地促进体育产业的发展。

3. 体育信息的反馈作用

社会主义市场经济条件下，体育产品的供求关系主要是通过市场变化表现出来的。体育市场通过信息传导和反馈功能，将体育产品的供求变化反映出来，然后体育产品供给者可根据体育市场反馈的信息调整生产与经营结构，体育产品需求者可根据反馈的信息选择购买所需的体育产品。

4. 体育经济的调节作用

体育市场是调节体育经济活动和体育产品供求关系的重要杠杆。当供求关系出现矛盾时，体育市场就会出现价格波动、竞争加剧等不利于经济活动顺利进行的情况，此时就需要发挥市场机制和价格机制的作用，对生产与消费之间的关系进行调节，使体育产品的供求关系趋于平衡，从而稳定体育市场。

(三) 现代体育市场的特点

现代体育市场的特点主要有三个：全球性、季节性和波动性。

1. 全球性

经济全球化的趋势推动了现代体育朝着全球化的方向发展，而随着生产力的提高、经济的发展，体育活动由一个国家扩展到多个国家，体育市场也呈现出全球性的特点。体育市场的全球化不仅极大地满足了人们的体育需求，丰富了人们的体育活动，而且有力地推动了世界各国体育产业的发展。

2. 季节性

体育市场的季节性特点主要受季节差异的影响。比如冬季时，滑雪、溜冰等体育项目最吸引人，体育市场上与滑雪、溜冰等项目有关的体育产品供需量较大；夏季时，人们多参与游泳、跳水等水上体育运动，体育市场上与水上体育运动相关的体育产品供需量较大。因此，体育产品供给者应根据体育市场的季节性变化对生产与经营结构进行合理调整，使体育市场朝着均衡化的方向发展。

3. 波动性

受人们需求的多样性及其他多样性因素的影响，体育市场具有较强的波动性。对一个具体的体育市场而言，任何一个因素的变化都可能会引起市场的波动。

二、现代体育市场结构

（一）完全竞争的体育市场

所谓完全竞争的体育市场，主要是指由众多体育参与者和体育生产经营者组成的体育市场。完全竞争的体育市场结构的形成需要具备四个条件：第一，存在众多彼此有竞争关系的体育参与者和体育生产经营者，并且这些体育参与者和生产经营者所买卖的体育产品在体育市场中所占的份额不多；第二，体育生产经营者生产的体育产品完全相同；第三，体育市场中的各生产要素处于完全自由流动的状态；第四，体育参与者和体育生产经营者能够获得充足的市场信息。

完全竞争的体育市场条件下，价格对于体育产品的厂商来说是既定的，所以平均收益和边际收益总是相等的。

（二）垄断竞争的体育市场

垄断竞争的体育市场主要是指既有垄断又有竞争的体育市场，是一种处于完全垄断的体育市场与完全竞争的体育市场之间的市场。

垄断竞争的体育市场有两个特点，即竞争性和垄断性。竞争性主要表现在三个方面：第一，体育市场中经营同类体育产品的经营者较多，但这些经营者所经营的体育产品总量在体育市场中所占的份额不多，个体经营者无法操纵市场；第二，体育市场经营者可以自由出入体育市场；第三，不同体育产品的生产经营者所生产、经营的体育产品有一定的差异，如质量、包装等。垄断性也有三个方面的表现：第一，不同国家或地区体育资源的不同，使体育产品各有其特性，而体育产品之间的差异性在一定程度上形成了体育产品的垄断性；第二，受国家、政府政策与方针的影响，某些地区也会形成对某些体育产品的垄断；第三，受不同的非经济因素的制约，体育参与者无法完全自由选择体育产品，在一定程度上导致体育产品垄断性的出现。

垄断竞争的体育市场条件下，由于受到产品之间差异性的影响，体育产品的厂商不仅是单纯地接受价格，还能够影响价格。比如，当体育厂商减少或增加某类体育产品生产的数量时，由于消费者对这类体育产品的偏好是相对稳定的，所以体育厂商可以适当地提高或降低产品的价格。在这种情况下，体育厂商的平均收益和边际收益不再相等。

（三）寡头垄断的体育市场

所谓寡头垄断的体育市场，主要是指在体育市场中少数体育生产经营者控制了绝大部分的体育产品供给的市场。这些体育产品的生产经营者在行业中占有很大的份额，任何一家的体育产品生产数量与产品价格的变动都会对整个体育市场造成一定的影响。

在寡头垄断的体育市场条件下，各体育产品的生产商所生产的产品几乎完全一样，如果某一生产商单独降低产品的价格，而其他生产商未做出反应，那么他们产品的销售量就会受到严重影响；而如果其他生产商同样采取降低价格的措施，那么结果必然是两败俱伤。所以，这些寡头垄断的厂商通常会相互依赖、"抱团取暖"，通过谋求共同的产品价格来获取最大的经济效益。

（四）完全垄断的体育市场

完全垄断的体育市场主要是指在体育市场中完全由一家体育生产经

营者控制产品供给的市场。其市场结构主要包括三个方面的内容：第一，体育生产经营者所提供的产品没有替代品；第二，体育产品的生产数量与价格由体育生产经营者控制；第三，体育市场存在壁垒，其他经营者无法进入。

1. 完全垄断的体育市场的形成原因

完全垄断的体育市场的形成主要包括四个方面的原因：竞争引起垄断、体育资源垄断导致垄断、生产技术上的专利引起垄断、政府政策造成垄断。

(1) 竞争引起垄断

在生产经营方面，规模大、技术高、资本充裕的大厂商往往通过降低生产成本、降低产品价格、提高产品质量等方式，占据市场核心地位，进而击败竞争对手。当大厂商所生产的体育产品基本上能够满足市场需求时，其在竞争中就取得了垄断地位。

(2) 体育资源垄断导致垄断

当某一厂商控制了某种相对特殊的体育资源时，也就控制了相应体育产品的基本资源供给。在这种情况下，即使其他的厂商拥有生产相应体育产品的能力，也往往会因为无法取得相应的生产要素而不能进入该行业。

(3) 生产技术上的专利引起垄断

当某一厂商取得了生产某种体育产品的技术专利权时，其他厂商受专利期限的影响，无法进行相应体育产品的生产，那么这一厂商就会在专利期内取得垄断地位。

(4) 政府政策造成垄断

受政府政策的影响，某一厂商在某种体育产品的生产经营方面拥有一定的特权，使得这一厂商因独家经营相应的产品而取得垄断地位，甚至成为垄断企业。

2. 完全垄断的体育市场的收益

在完全垄断的体育市场条件下，一家厂商就代表了整个行业，所以垄断厂商可以根据市场上相应体育产品的供需状况来决定体育产品的价格。在这种情况下，垄断厂商的需求曲线就是整个行业的需求曲线，此时的需求曲线表明体育产品的需求量与价格成反比。此外，因为垄断市场中市场需求曲线就是平均收益价格线，所以垄断厂商的平均收益曲线与需求曲线是完全重合的。但是，完全垄断市场条件下，垄断厂商的平均收益和边际收益会随着商品销量的增加而递减，而且边际收益的递减幅度会更大，所以，垄断厂商的平均收益不等于边际收益，边际收益是始终低于平均收益的。

三、现代体育市场机制

（一）体育市场机制的概念

所谓体育市场机制，是指体育市场运行的实现机制，主要包括四个方面的内容：体育供求机制、体育产品价格机制、体育竞争机制和体育风险机制。

1. 体育供求机制

体育供求机制是指体育供给和体育需求之间通过竞争而形成的内在联系和作用形式，它主要有三个方面的作用：第一，反映体育经济运行的内在矛盾和市场上供求双方的变化态势，为调节市场供求的平衡提供指示和方向；第二，实现社会经济资源的合理配置；第三，为国家宏观调控体育经济资源提供良好的机制平台，促进体育产业的发展。

2. 体育产品价格机制

体育价格机制是体育经济运行的重要机制，它不仅是体育产品交换的重要媒介，还是衡量体育生产经营者生产和经营体育产品的劳动耗费量的杠杆。体育产品价格机制的作用主要表现在三个方面：对体育参与者而言，体育产品价格机制是调节消费需求规模与结构的重要信号；对体育生产经营者而言，体育产品价格机制是调节生产体育产品数量与调整产品结构的重要信号；对政府而言，体育产品价格机制能够为其进行宏观调控提供必要的信息。

3. 体育竞争机制

所谓体育竞争机制，主要是指在体育市场中，体育产品生产经营者为了获取最大利益，彼此之间争夺体育资源，从而影响体育相关产品的供求关系和体育资源配置的重要机制。作为现代体育市场机制的重要组成部分之一，体育竞争机制与体育供求机制、体育产品价格机制相互依赖、相互作用。

4. 体育风险机制

体育风险机制主要是指体育经济活动与盈利、亏损之间相互联系、相互作用的运作形式。作为体育市场机制的基本要素之一，体育风险机制对体育产品生产经营者会形成一种无形的强制力量，促使他们积极改进生产技术，提高产品质量，完善经营管理结构等，从而提高自身的市场竞争力，获取更多的经济效益和社会效益。

（二）体育市场机制的特征

体育市场机制的特征主要包括四个方面的内容：体育市场机制的客观性、体育市场机制的关联性、体育市场机制的滞后性以及体育市场机制的局限性。

1. 体育市场机制的客观性

体育市场机制的客观性主要表现在其发挥功能的条件是客观的。当具备某一条件时，体育市场机制的功能就能够发挥出来；而不具备这一条件时，体育市场机制的功能就无法发挥出来。比如，体育产品价格机制功能发挥的条件是体育产品价格围绕价值上下波动，但如果产品价格不能自由变动，价格机制就无法发挥其应有的功能。

2. 体育市场机制的关联性

体育市场机制的关联性主要表现在两个方面：一方面，体育市场机制功能的发挥会受到一定环境条件的影响；另一方面，体育市场机制功能的发挥还与其自身的各种内在因素密切相关。比如，体育市场上供求关系的变化会引起产品价格的涨落，而价格的变化会影响企业利润的变化，利润的变化又会加剧市场竞争，进而又影响产品的供给。体育市场机制的关联性要求我们要将体育市场的各种机制有机结合在一起，从而发挥它们的整体功能。

3. 体育市场机制的滞后性

体育市场机制的滞后性主要表现为体育市场所反映的供求情况通常是滞后于实际情形的，而在此基础上所采取的相关措施也有一定的滞后性。因此，要想充分发挥体育市场机制的功能，就要做好两个方面的努力：第一，努力完善市场体系；第二，努力健全市场信号系统。

4. 体育市场机制的局限性

体育市场机制的局限性主要包括两个方面的内容：第一，体育市场机制的自发性和盲目性会使体育资源的配置出现一定程度的浪费和破坏；第二，过分依赖体育市场机制，会引起市场运行的无序化，对体育产业的发展造成不利的影响。

第二节　现代体育消费市场

一、现代体育消费概述

这里分别从体育消费的概念和意义、体育消费的分类、体育消费的特点以及影响体育消费市场开发的因素四个角度出发，对现代体育消费进行概述。

（一）体育消费的概念和意义

1. 体育消费的概念

体育消费主要是指日常生活中人们在体育方面的消费，既包括购买物质性体育产品（如运动器械等）的消费，又包括购买非物质性体育服务产品（如观看体育表演、比赛等）的消费。体育消费主要包括三个层面的内容：第一，消费主体是具有消费能力的人；第二，消费是主体（人）对客体（物）的行为依赖关系；第三，消费具有目的性。

2. 体育消费的意义

体育消费有三个方面的意义：促进社会经济增长，实现体育产品价值，丰富人们生活。

（1）促进社会经济增长

作为体育经济活动的重要组成部分，体育消费对社会经济的发展具有巨大的促进作用：第一，体育消费有助于提高人们的身心素质、开发人们的智力，在一定程度上能够提高社会的劳动生产率；第二，体育消费在一定程度上能够保证体育产业再生产的顺利进行，在推动体育产业自身发展的同时，有效地促进社会经济的增长；第三，体育消费的发展能够有效地带动体育相关产业的发展，为社会经济的发展提供一定的支持。

（2）实现体育产品价值

体育消费是实现体育产品价值的重要条件，生产出来的体育产品只有被消费了，才能实现其自身的价值。如果没有体育消费，就不会存在体育产品的消费市场，体育经济活动也就难以进行，体育产品的价值更无从体现。

（3）丰富人们生活

随着经济的发展和社会的进步，人们的消费理念发生了巨大的变化，体育消费在人们生活中扮演的角色越来越重要。通过体育消费，人们不仅能够观看体育比赛、体育表演等相对专业的体育活动，还可以直接参与体育活动。形式多样的体育活动不仅丰富了人们的生活内容，而且提高了人们的身心素养和生活质量。

（二）体育消费的分类

根据不同的分类方式，体育消费可以被分为不同的类型。这里主要从体育消费主体、体育消费层次、体育消费的外在表现形式以及体育消费品的不同功能四个角度对体育消费进行分类。

1. 按体育消费主体分类

按体育消费主体的不同，可将体育消费分为个人体育消费和家庭体育消费两大类。其中，个人体育消费主要是指个体为了满足自身发展需求而进行的体育消费，包括体育物质产品消费和体育服务产品消费；家庭体育消费主要是指以家庭为单位的体育消费，包括物质消费和精神消费两大类。

2. 按体育消费层次分类

按体育消费层次的不同，可将体育消费分为生存消费、享受消费和发展消费三大类。其中，生存消费主要是指对基本生活资料的消费，享受消费需要通过对各种享受资料的消费来实现，发展消费需要通过对各种发展资料的消费来实现。需要注意的是，这三个不同层次的体育消费之间没有明确的界限，在体育活动过程中往往是联系在一起的。一般情况下，在满足消费者生存需要的同时，也要满足他们的享受需要和发展需要；在满足消费者享受需要和发展需要的过程中，还要认真考虑对他们生存消费的满足。

3. 按体育消费的外在表现形式分类

按体育消费的外在表现形式，可将体育消费分为实物消费和体育服务消费两大类。其中，体育实物消费主要是指对有形体育物质产品的消费，如运动器械、运动服饰等；体育服务消费主要是指对非物质性体育服务产品的消费，如观看体育比赛、表演等。

4. 按体育消费品的不同功能分类

按体育消费品的不同功能，可将体育消费分为观赏型体育消费、实物型体育消费和参与型体育消费三大类。其中，观赏型体育消费主要是为了满足消费者的视觉需求，如观看体育比赛、体育表演等；实物型体育消费主要是指消费者对实物消费资料的消费，如购买运动服装、运动器械等；参与型消费主要是指消费者们对体育服务消费资料的消费，如参与体育锻炼等。

（三）体育消费的特点

1. 体育消费的综合性

体育消费的综合性主要包括两个方面的内容：第一，从体育消费活动的对象来看，体育消费活动是一种集体育实物消费和体育服务消费为一体的消费活动，为了满足自己的体育需求，消费者必须依赖于某种体育产品或者体育服务产品。第二，从体育消费的构成来看，体育消费既包括对以实物型体育产品为代表的直接要素的消费，也包括对体育活动中衣、食、住、行等间接要素的消费。所以，体育消费是一种综合性的消费活动。

2. 体育消费的变动性

作为一种层次相对较高的消费活动，体育消费在体育产品的种类、需求等方面存在较大的变动性。影响体育消费变动性较大的原因主要表现在两个方面：一方面，受性别、年龄、兴趣、爱好等个人因素的影响，消费者对体育产品的种类、质量等的需求程度不同；另一方面，社会经济的发展水平、消费者的可支配收入以及风俗习惯等社会因素，也会对体育消费的数量与质量产生巨大的影响。因此，体育消费具有较大的变动性。

3. 体育消费的互补性

体育消费是一种综合性的消费活动，体育产品消费的完成需要与其他项目的消费结合在一起。比如，体育参与者打排球，除需要购买排球外，还需要购买护具、绷带等附带品，甚至有时候还需要租赁场地等。这就要求体育相关部门与体育企业之间加强联系、密切配合，从而获取更好的经济效益。

（四）影响体育消费市场形成的因素

体育消费市场的形成与消费者的购买能力和消费需求密切相关，只有当消费者具备一定的购买能力，并对体育产品产生一定的需求后，体育消费市场的形成才开始起步。具体来说，影响体育消费市场形成的因素主要包括五个方面的内容：第一，社会经济的发展水平，这是影响体育消费市场形成的决定性因素；第二，消费者的可支配性收入，这是影响体育消费市场形成的直接因素；第三，消费者的闲暇时间，这是影响体育消费市场形成的关键因素；第四，消费者的消费观念，这是影响体育消费市场形成的重要因素；第五，体育基础设施、体育服务水平等对体育消费市场的形成也有重大影响。

二、现代体育消费方式

（一）体育消费方式的概念

体育消费方式主要是指人们在体育活动中消费体育实物型产品与体育服务产品的方法和形式。具体来说，作为人们生活方式整体系统中的一个重要组成部分，体育消费方式的内涵主要由体育消费意识、体育消费能力、体育消费结构和体育消费习惯四个相互关联的方面构成。

1. 体育消费意识

体育消费意识主要由两部分构成：体育消费观和体育消费心理。体育消费意识是影响体育参与者进行体育消费的重要因素，一般情况下，体育消费观为体育参与者的体育活动和体育消费提供相应的消费模式，而体育消费心理则直接影响着体育参与者的体育消费动机和体育消费行为的产生。

2. 体育消费能力

体育消费能力主要是指体育参与者在体育活动中对体育实物型产品和体育服务产品的购买能力。体育消费能力由两部分构成：体育自然消费能力和体育社会消费能力。其中，体育自然消费能力是指体育参与者为了满足自己生理上的需求而对体育产品的消费能力，主要包括对体育活动中衣、食、住、行的消费能力；体育社会消费能力是指体育参与者为了满足自己精神方面的需求而对体育产品产生的消费能力，主要包括观看体育比赛、体育表演等的消费能力。

3. 体育消费结构

所谓体育消费结构，主要是指体育参与者对不同类型体育产品消费的比例关系，它不仅反映了人们对不同类型体育产品的消费比例情况，还反映了体育消费的水准与质量。通常来说，体育消费结构主要包括三个方面的内容：第一，生存消费、享受消费与发展消费的比例关系；第二，个人消费、家庭消费与社会消费的比例关系；第三，实物型体育产品消费与体育服务产品消费的比例关系。

4. 体育消费习惯

体育消费习惯通常是指在一定条件下形成，并经常出现的体育消费行为。受多种因素的影响，不同国家、地区、民族的体育消费习惯之间有着明显的区别。比如，我国北方冬季滑雪、溜冰等体育消费比重最高，南方夏季水上体育项目的消费比重最高；蒙古族民众多参与对马术等体育活动的消费，傣族民众多参与对划船等体育活动的消费。

（二）影响体育消费方式的因素

影响体育消费方式的因素主要有四个，分别是人们的收入水平、体育参与者的构成、体育产品的质量以及体育产品的价格。

1. 人们的收入水平

收入是消费的前提，只有当人们具备一定的经济能力时，才会进行额外的体育消费活动。通常来说，人们的收入水平越高，将体育需求转化为体育消费的意愿就会越强。所以，人们的收入水平不仅影响体育消费水平，还影响对体育需求满足的程度，进而影响人们的体育消费方式。

2. 体育参与者的构成

受性别、年龄、职业等因素的影响，体育参与者的体育消费方式也有较大的差别。比如，老年人对休闲性体育产品的消费较高，青年人对娱乐性体育产品的消费较高，而健美消费在女性的体育消费中所占比重较高。

3. 体育产品的质量

体育产品质量的高低对体育消费方式的影响是直接的，在日常体育活动中，人们通常会选择质量更高、使用价值更大的体育产品。因此，体育产品的生产经营者要注重体育产品的质量。一般情况下，体育产品的质量主要包括两个方面的内容：一方面，体育产品要符合物美价廉的要求；另一方面，体育服务要高质高量、主动周到。

4. 体育产品的价格

体育产品价格的变动也会影响人们的体育消费方式。比如，当体育产品的价格上涨幅度较大时，人们会把对体育产品的消费转向对其他替代品的消费。相反，如果体育产品的价格下跌幅度较大，人们就会增加对体育产品的消费。

（三）体育消费方式的合理化

简单来说，体育消费方式的合理化即体育消费从不合理的状态逐步走向合理化的状态。一般情况下，要实现体育消费方式合理化的目标，必须满足以下三个要求。

1. 体育消费水平逐步上升

体育消费是人们生活的重要组成部分，消费水平的逐步上升不仅能够为消费者提供一个更加舒适、健康、新颖的消费环境，而且有助于提高消费者的文化素养。在一个体育活动内容更加丰富、形式更加多样的体育消费环境中，人们的消费方式会朝着更加合理的方向发展。

2. 体育消费结构不断完善

体育消费结构的完善主要是指体育消费内容更加丰富，体育消费方式更加多样化，它是体育消费方式合理化的重要因素。具体来说，体育消费的内容和方式要满足两个方面的要求：第一，必须满足消费者缓解疲劳、锻炼身体等物质需求；第二，必须满足消费者愉悦心理、修身养性等精神需求。

3. 体育消费的设施环境良性发展

良好的体育设施环境是体育消费顺利进行的重要条件。消费者参与体育活动最重要的目的就是追求健康、娱乐享受以及需求个体的发展，所以，合理的体育消费必须建立在设施环境良性发展的基础上。此外，合理的体育消费方式还应该通过体育活动的开展，在丰富人们体育生活的同时，增强人们对体育设施的保护意识，从而促进体育消费的设施环境朝着更加良性的方向发展。

三、现代体育消费效果

(一) 体育消费效果的概念

体育消费效果主要是指体育参与者在体育活动过程中对体育消费的投入与产出之间的比例关系。按照不同的分类标准，可将体育消费效果分为不同的类别。

1. 按体育消费的研究对象分类

按体育消费研究对象的不同，可将体育消费效果分为宏观体育消费效果和微观体育消费效果两大类。其中，宏观体育消费效果是从社会的角度出发，研究体育产品的价值与使用价值，具体包括三个方面的内容：第一，分析体育消费的状况；第二，分析消费者对体育产品的满意程度；第三，分析体育消费对社会经济发展的作用。微观体育消费效果是从个体的角度出发，研究体育消费给消费者带来的物质上和精神上的满意程度。

2. 按体育消费的关联程度分类

按体育消费的关联程度的不同，可将体育消费效果分为直接体育消费效果和间接体育消费效果两大类。其中，直接体育消费效果主要是指消费者通过购买一定的体育产品或体育服务，直接获得的某种体育消费效果，如消费者花钱参与体育健身训练，会获得相应的健身指导和服务等；间接体育消费效果主要是指消费者通过购买一定的体育产品或体育服务，间接获得的某种体育消费效果，如消费者通过观看体育比赛或体育表演，获得精神上的愉悦等。

（二）体育消费效果的衡量

一般情况下，我们可以通过分析消费者的体育消费支出来衡量体育消费效果。消费者的体育消费支出指标主要包括体育消费总额、人均体育消费额、体育消费率、体育消费构成。

1. 体育消费总额

体育消费总额，主要是指在一定时期内，消费者在体育活动过程中所消费的总资金。体育消费总额主要是从价值形态方面反映消费者的体育产品消费总量。由于体育产业是一个涉及众多行业、企业的综合性产业，因此通常会采用抽样调查与常规统计相结合的方法来计算体育消费总额。

2. 人均体育消费额

人均体育消费额，主要是指在一定时期内，消费者在参与体育的过程中，平均每个消费者所支出的货币金额。通过对人均体育消费额进行分析，不仅能够了解某一时期、某一地区整体的消费水平，而且能够为体育市场的开拓提供有效的依据。人均消费额的计算多采用抽样调查的方法。

3. 体育消费率

体育消费率，主要是指在一定时期内，消费者的体育消费支出同消费支出总额的比例。体育消费率主要是从价值角度反映一定时期内消费者参与体育消费的强度与水平。

4. 体育消费构成

体育消费构成，主要是指在一定时期内，消费者在体育活动过程中对衣、食、住、行等方面的消费。对体育消费构成进行分析，一方面能够有效地反映消费者的消费状况与特点，另一方面能够为体育资源的合理配置、体育产品的优化组合等提供科学的依据。

第三节 现代体育劳动市场

一、体育劳动市场的一般理论

(一) 体育劳动的供给

在体育劳动市场，体育劳动的价格主要由需求与供给决定。运动员为了发挥最大价值，职业队为了获取最大利益，均会采取不同的策略。双方之间的相互关系决定了体育劳动市场的发展情况。

在商品市场中，需求来自个人，供给来自厂商。而在体育劳动市场，需求来自运动队，供给来自运动员。具体来说，体育劳动由运动员供给，资金由资本家供给，体育场馆由其所有者供给，教练才能由教练供给。

(二) 体育劳动的需求

1. 体育劳动需求的特殊性

相较于对其他商品的需求，对体育劳动的需求有两方面的特殊性，具体分析如下：

（1）对体育劳动的需求是一种派生需求。所谓派生需求，是指由消费者对最终产品的需求所引起的运动队对体育劳动的需求。运动队购买体育劳动的最终目的是满足消费者的需求，从而获取最大的经济效益。

（2）对体育劳动的需求是一种联合需求。所谓联合需求，是指在生产体育产品的过程中，由多种生产要素共同形成的需求。比如，生产体育器材不仅需要劳动力要素，还需要资本要素等。

2. 影响运动队对体育劳动需求的因素

影响运动队对体育劳动需求的因素主要有三个：第一，市场对体育产品的需求以及体育产品的价格。当市场对某种体育产品的需求量较大时，该体育产品的价格就会提高，运动队也会增加对该体育产品的生产,以获取更多的利润。第二,运动技术状况。运动技术水平高,运动队对体育劳动的需求量大;运动技术水平低,运动队对体育劳动的需求量小。第三,体育劳动的价格。体育劳动价格高,运动队会减少对这种体育劳动的需求;体育劳动价格低,运动队会增加对这种体育劳动的需求。

(三) 体育劳动的工资决定

1. 完全竞争条件下体育劳动的工资决定

工资是使用劳动时所支付的价格。在完全竞争的体育劳动市场中,体育劳动的需求曲线是一条呈反比关系的曲线,随着工资的降低,体育劳动的需求量呈逐步增长的趋势。

在完全竞争的体育劳动市场中,工资水平主要由体育市场的劳动需求和供给决定。将体育劳动的供给曲线与需求曲线结合在一起,就能够得出体育劳动市场的均衡点,进而决定均衡劳动价格和均衡劳动数量。

2. 买方垄断条件下体育劳动的工资决定

买方垄断的体育市场主要是指体育产品厂商的数量极少,而体育劳动者的数量庞大的市场。在买方垄断条件下,体育劳动的工资主要受体育厂商雇佣劳动的数量的影响。

当买方垄断体育劳动市场只有唯一的雇主时,那么这一家厂商就代表了整个行业,它所呈现的劳动供给曲线也就是整个行业的劳动供给曲线。此时的劳动供给曲线是一条自左向右上方倾斜的曲线,这表明这一家厂商要想获取更多的体育劳动供给量,就要支付给体育劳动者更高的工资。

3. 卖方垄断条件下体育劳动的工资决定

在体育劳动市场中,不仅买方能够影响市场的运转,卖方也能够影响市场的运转,这里的卖方主要是指运动员工会。体育劳动者通过运动员工会与运动队形成对话,在讨价还价的过程中形成卖方垄断的体育市场。在卖方垄断的体育市场条件下,运动员工会通常会采用限制体育劳动的供给量和增加对体育劳动的需求量这两种方法来提高劳动者的工资。

（1）限制体育劳动的供给量

运动员工会通常会采用两种方法来限制体育劳动的供给量，以提高劳动者的工资，其一是限制非注册运动队会员的受雇和使用，其二是建立运动员技术级别机制。

（2）增加对体育劳动的需求量

在劳动供给不变的情况下，运动员工会往往会通过扩大出口的方法来增加体育劳动的供给，这不仅能够增加对体育劳动的需求量，而且能够提高劳动者的工资收入。

二、体育工作者的劳动报酬

(一) 教练员和运动员的劳动特点

1. 教练员的劳动特点

教练员的劳动特点主要包括三个方面的内容：第一，教练员的劳动是一种复杂的脑力劳动；第二，教练员的劳动成果见效慢；第三，教练员的劳动任务重、压力大。

（1）教练员的劳动是一种复杂的脑力劳动

教练员的劳动是一种复杂的脑力劳动主要体现在两个方面。

第一，劳动对象的复杂性。教练员劳动的对象主要是运动员，受遗传基因、个性心理特征等的影响，运动员都是各具特色的，这就要求教练员在训练的过程中要因材施教。具体来说，教练员既要在专项运动理论与技术的训练上因材施教，又要在人际关系等方面的指导上因人而异，只有做到有针对性的科学训练，才能不断提高运动员的运动技术水平。

第二，劳动过程的复杂性。当下国际体坛高手如云，各国之间运动技术的差距越来越小，要想在国际赛事中取得好成绩，教练员就必须认真学习国内外先进的训练经验。可以说，教练员劳动的过程即"学习—模仿—创新"的过程，而受多种因素的影响，这一过程充满了复杂性，教练员只有做到博采众长、不断创新，才能使我国的体育项目在激烈的竞争中占据有利的地位。

（2）教练员的劳动成果见效慢

教练员劳动的目的是为国家培养专业的体育人才、取得良好的体育成绩，而人才的培养和好成绩的获取是一个具有连续性和周期性的漫长过程。一般来说，要想成长为一名优秀的运动员需要经历若干训练周期，因此教练员的劳动成果需要较长时间才能见效。

（3）教练员的劳动任务重、压力大

运动员在体育赛事（尤其是国际性的体育赛事）中所取得的成绩，不仅反映了教练员的训练质量和水平，有时还会涉及国家和民族的荣誉。所以说，教练员的任务是比较重的，压力相对来说也是较大的。

2. 运动员的劳动特点

运动员的劳动特点主要表现在三个方面：第一，科技水平越高，运动员的劳动强度越大；第二，训练时间长，但"运动寿命"较短；第三，运动员的有效劳动不易量化。

（1）科技水平越高，运动员的劳动强度越大

运动员的劳动是一种"体脑"结合的复杂劳动，不仅需要高强度的脑力劳动，还需要高强度的体力劳动。从运动训练发展的过程来看，运动员的劳动强度与科技的发展水平密切相关，科学技术的发展水平越高，运动员的劳动强度就会越大。在生产力低、科技落后的年代，运动员所训练的高难度动作少、强度小，体力消耗也不大；而随着科技的进步，运动技术水平有了明显提高，科技进步在推动器材、设备、管理手段等的现代化的同时，也在无形中增加了运动员的劳动强度，比如IBM公司所研制的"深蓝"电脑每分钟能分析近3亿步的棋，这远远超过了人类的思维能力。

(2) 训练时间长,但"运动寿命"较短

运动员在正式进入专项训练之前,往往需要先进行相关的技术训练,而这些相关的技术训练通常需要从儿童抓起。要想取得一定成绩还需经过漫长的训练时间。相较于训练时间,运动员的"运动寿命"是比较短的。这里所说的"运动寿命"主要是指运动员保持最佳运动水平的期限。

(3) 运动员的有效劳动不易量化

运动员是影响体育服务产品质量的重要因素。在社会主义市场经济条件下,体育服务产品虽然能够有效地满足人们的体育需求,具有一定的价值,但由于它是一种无形的产品,因此并不能轻易对体育服务价值进行衡量。比如,如果以体育赛事中所取得的名次为有效劳动的衡量标准,那么没有取得好名次陪练运动员的劳动算不算劳动?若算劳动,有效劳动该如何计算……所以说,运动员的有效劳动是不易量化的。

(二) 教练员和运动员的劳动报酬

1. 教练员的劳动报酬形式

(1) 教练员工资制的演变

1956年,我国体育部门工资制度确立,教练员的工资与其专业技术水平、职务责任大小等相关。1961年和1963年,我国政府对体育部门的工资标准进行了两次调整,调整后教练员的平均工资有了明显的下降。1978年中共十一届三中全会以后,国家重新制定了教练员的工资标准,教练员的工资有所提高。1985年,国家对教练员的工资制度进行了改革,开始实行结构工资制。1993年,国家再次对教练员的工资制度进行了改革,实行专业技术等级工资制,教练员的工资趋于稳定。进入21世纪后,我国继续实行专业技术职务等级工资制,并对其进行了相应的调整。

(2) 教练员的专业技术职务等级工资制

教练员的专业技术职务等级工资制,在工资结构方面可分为专业技术职务工资和津贴两部分。其中专业技术职务工资是相对固定的，体现了按劳分配的原则；津贴则相对灵活，其与教练员的实际工作量和工作质量密切相关。

2. 运动员的劳动报酬形式

（1）从工资制向津贴制转变

1985年之前，我国对运动员实行的是计时工资制，计时工资虽然能够反映运动员所支付劳动的平均量，但无法有效反映运动员个人实际所支付的劳动量，这在某种程度上对运动员是不公平的。因此，1985年后我国开始对运动员实行津贴制。津贴制度能够有效地反映运动员所提供的劳动量，较好地体现公平的原则，有助于激发运动员的积极性。

（2）体育津贴的分类

运动员的体育津贴主要由基础津贴和成绩津贴两部分构成。体育津贴是一种相对灵活且能反映运动员劳动数量与质量的报酬制度，它不仅能够在一定程度上克服劳动报酬中的平均主义，而且能够有效地调动运动员的积极性。

第四节　现代体育产品市场

随着经济的发展和社会的进步，人们的经济收入有了明显的增长，生活水平也有了质的飞跃，人们开始日渐重视对身体素质的提高。在这样的形势下，人们参加体育活动的频率明显提高，对体育产品的需求也不断增多，因此，为了满足人民日益增长的体育需求，必须大力培育体育产品市场，发展体育产业。

一、体育产品的概念与内容

（一）体育产品的概念

体育产品是构成体育产业的最基本单位，是体育市场活动的基础，主要存在于第三产业中,以提供服务为主要形式。现代体育经济学认为,体育产品主要是指体育市场中用于满足消费者需求的事物,主要包括实物型的体育产品和体育服务产品两种。

(二)体育产品的内容

体育产品主要包括四个方面的内容:体育竞赛和体育表演、健身服务、娱乐享受、培训服务。

体育竞赛和体育表演,主要是指发生在特定场地(竞赛场),由专业人员(运动员、教练员等)向消费者提供具有观赏价值的体育服务,以满足消费者多样化体育需求的体育活动。

健身服务,主要是指由健身俱乐部、健美中心等向市场提供相应体育产品,以满足消费者强身健体的体育需求。

娱乐享受,主要是指由保龄球馆、高尔夫球场等向市场提供相应体育产品,以满足消费者休闲娱乐的体育需求。

培训服务,主要是指由各类培训班(游泳、健美操、武术等)向体育市场提供教学、训练等服务,帮助消费者掌握体育运动的知识和技能。

二、体育产品的经济学特征

(一)私人产品和公共产品的兼有性

1. 私人产品

私人产品主要是指那些具有效用上的可分割性、消费上的竞争性以及受益上的排他性的产品。私人产品主要是通过购买的方式进行消费的,价格与市场的供求状况密切相关。体育产品在某种程度上也具有私有属性,如在健身俱乐部,当某一消费者占用了一台健身器材时,必然会减少其他消费者对该器材的消费,从这一层面而言,健身器材具有私人产品的属性。

2. 公共产品

公共产品具有非竞争性、非排他性特征。其中，非竞争性主要是指产品推出后，消费者数量的增加并不会减少其他消费者对该产品的消费和使用；非排他性主要是指不能强制把某一消费者排除在某种产品的消费之外。体育产品具有公共产品的属性，以我国竞技体育的事业性特征为例，我国政府投入大量的财力培养运动员，运动员在国际性体育比赛中通过生产体育服务产品所赢得的精神产品（荣誉），就具有公共产品的特征，消费者可直接享受此类产品，额外增加消费者也不会降低它给其他消费者带来的享受。

（二）满足人们的高层次需求性

根据马斯洛的需求层次理论，当人们的基本生存需要得到满足之后，就会追求更高层次的需要。随着我国经济的快速发展，人们的生活水平有了质的飞跃，可支配收入明显提高，越来越重视体育锻炼，对体育产品消费方面的需求也越来越高。体育产品作为一种高层次的消费品，在为人们提供休闲娱乐、强身健体等服务的同时，也在一定程度上满足了人们的高层次需求。

（三）生产要素替代弹性的特殊性

体育产品生产要素替代弹性的特殊性主要表现在两个方面：一是生产要素的替代弹性等于零，二是某些生产要素的替代弹性大。

1. 生产要素的替代弹性等于零

体育产品生产活动的正常进行需要投入不同类型的生产要素，由于各生产要素具有自己的特性，所以某些生产要素之间的配置或组合具有较强的固定性，不能随意调整，在这种情形下，体育产品生产要素的替代性为零。以篮球运动为例，无论篮球运动员（劳动力要素）的身价有多高，都无法用篮球去替代他们，运动员与篮球之间的替代性为零。

2. 某些生产要素的替代弹性大

在体育产品生产过程中，可对某些生产要素进行相应的替换，以获取最佳效益。比如，人们想要进行体育锻炼，但又认为高档健身房的费用过高时，就可以选择到公共场所健身。

三、体育产品的价值和使用价值

(一) 体育产品的价值

体育产品的价值同一般产品的价值一样，都是凝结在商品中的无差别的人类劳动。但从体育产品价值的确定角度来看，体育产品的价值具有一定的特殊性，主要表现在以下三个方面。

1. 体育产品价值的确定以质量为标准

体育产品的核心是体育服务，服务质量的高低对体育产品价值的实现具有直接影响。因此，在体育服务设施与服务条件一致的情况下，高质量的体育服务更能保证体育产品价值的实现。此外，体育产品质量与价值的高低还与运动员的训练素质、职业操守等有关。

2. 体育产品价值的确定具有垄断性

体育资源是体育产品的重要组成部分，体育资源的种类与特色决定了体育产品在价值量的计算上存在较大的差异。比如奥运会、世锦赛等国际性的体育比赛，都是具有垄断性的体育产品，这些体育产品的价值是无法具体估量的。

3. 体育产品的价值随体育产品水平与规格的变化而变化

体育产品价值的大小不是一成不变的，它会随着体育产品水平与规格的变化而变化。体育赛事的水平越高、竞争越激烈，体育产品的价值就会越高；反之，体育产品的价值就会越低。

(二) 体育产品的使用价值

商品的使用价值主要是指其能满足人们某种需求的属性，体育产品的使用价值具有多效用性和多功能性。

1. 使用价值的多效用性

相较于一般的物质产品，体育产品使用价值的多效用性主要表现在两个方面：一方面，体育产品能够满足消费者的物质需求；另一方面，体育产品还能满足消费者的精神需求。

2. 使用价值的多功能性

体育产品使用价值的多功能性主要是指无论体育产品属于哪一档次，它们的使用价值都具有综合性，都能够在一定程度上满足不同消费层次的消费者的体育需求。

第六章　重点领域体育产业的经营与管理

随着现代社会经济的快速发展，现代体育也逐渐向着市场化、商业化、产业化的方向发展。目前，现代体育已形成了具有一定规模的体育产业，涉及体育的诸多方面，有体育竞赛表演产业、体育用品产业、体育健身休闲产业、体育旅游及体育服务产业等，形成了一个相对较为完备的体育产业服务体系。

第一节　体育竞赛表演产业的经营与管理

一、体育竞赛表演产业的属性

所谓体育竞赛表演产业，其必然是围绕着竞技体育这一核心来开展的，对各个体育运动项目进行相应的产业开发的结果。由此可见，体育赛事是体育竞赛表演产业针对各体育运动项目开发出来的产品，而服务就是体育竞赛表演产业所具有的本质属性。通常来说，体育赛事规模越大，赛事水平和质量越高，就会对大众在体育消费方面产生更为积极的刺激作用，从而促进整个体育产业进一步发展。

在整个体育产业中，体育竞赛表演产业之所以能够占据重要的地位，是因为其所具有的非常大的社会效益和经济效益，这也使得体育竞赛表演产业占据了主体地位。为了便于对体育竞赛表演产业所具有的属性进行分析，下面主要从体育竞赛表演产业的概念、基本要素和经营阶段划分三个方面来展开论述。

(一) 体育竞赛表演产业的概念

就目前来看,人们还没有对体育竞赛表演产业形成一个较为统一的概念。对于体育竞赛表演产业,不同的学者有着各自不同的见解。其中,以马国义、张庆春两位学者所做出的竞技体育的概念最为典型[①],也最具代表性,在他们看来,体育竞赛表演产业就是一个经济体系,是将竞技体育服务消费品的生产链条双向延伸、要素优化组合、三个效益相统一。也就是说,体育竞赛表演产业作为一个经营体系,它是将俱乐部作为实体,其基本商品就是运动员的竞技表演,而其目的便是将获得的利润最大化。由上述体育竞赛表演产业概念可知,在整个体育产业中,体育竞赛表演产业是非常重要的组成部分,且在整个体育产业中占据着非常重要的地位。

(二) 体育竞赛表演产业的基本要素

体育竞赛表演产业的基本构成要素包括竞技体育俱乐部、消费者、竞技体育项目基地、竞技体育龙头项目等方面。

(三) 体育竞赛表演产业运营的阶段划分

根据我国竞技体育发展历程来看,我国体育竞赛表演产业运营主要经历了三个阶段。

1. 酝酿阶段 (1979—1991)

我国体育竞赛表演产业运营所处于的第一个阶段,是酝酿阶段。在该阶段中,实施改革开放和进行体育社会化逐步成为促使体育竞赛表演产业经营的非常重要的指导方针。就运营方面来说,我国体育竞赛表演产业的发展开始从国家包办转变为社会承办。

2. 起步阶段 (1992—1997)

我国体育竞赛表演产业运营的第二个阶段,是开始起步阶段。在该阶段,主要表现为:确定了我国社会主义市场经济体制,同时我国的竞

---

① 张庆春,马国义. 中国竞技体育产业发展的现况分析 [J]. 武汉体育学院学报,2004 (1):171-173.

技体育发展也开始向着实体化、职业化和市场化的方向发展。

3. 发展阶段（1997年至今）

我国体育竞赛表演产业运营的第三阶段，是发展阶段，在该阶段，针对体育竞赛表演产业的发展，我国政府和社会给予了高度的关注和重视，这主要归因于在国民经济中，体育竞赛表演产业发展成了其中的新增长点。另外，在该阶段中，体育产业随着各种资本运作形式的出现获得了更加快速的发展，同时体育产业在运营管理方面也越来越规范。

二、体育竞赛表演产业形成的条件

(一) 基本条件

1. 体育竞赛表演产业形成的前提是体育竞赛表演产业的商业价值和竞技体育消费

在竞技体育市场中，竞技体育消费者是其中非常重要的因素。体育竞赛表演产业的发展和运营都是将竞技体育市场作为基础的。竞技体育的表演服务就是指向主体供给体育竞赛表演产业的产品。

在研究竞技体育消费市场的过程中，其关键就是对竞技体育消费需求进行研究。竞技体育市场容量的大小在一定程度上取决于竞技体育消费需求的多少。这就需要我们正确、积极地对竞技体育消费者的消费行为给予引导，并充分地满足体育消费者的各种需求，这样既能够为促进竞技体育的快速发展奠定坚实的基础，同时也能够更加明确竞技体育发展的目标。

就目前来说，国内外针对竞技体育价值展开的相关研究非常少。一些研究也只是研究了竞技体育所带来的直接效应，而针对其价值层面的研究非常少。而就现有的竞技体育价值的相关研究可知，这些研究的核心观点如下：

第一，对于竞技体育来说，其价值主体是运动员。

第二，目的价值和工具价值是竞技体育的主要价值表现。

第三，竞技体育价值的特点主要有时效性、社会性、客观性、主体性、一元性和多维性等。

2. 在体育竞赛表演产业中，市场经济体制是其得以形成的基础平台

自从我国的社会主义市场经济体制得以正式确定后，对于体育产业化的概念也形成了较为明确的界定。竞技体育的产业化发展受到诸多因素的影响。其中，竞技体育的消费需求和其所具有的商业价值是其中的核心和根本所在。此外，我国的社会主义基本经济体制也是其中非常重要的影响因素。我国社会主义市场经济体制的不断发展和完善为体育竞赛表演产业的发展和整个体育产业化的发展提供了非常重要的制度保障。这主要归因于社会资源在社会主义市场经济体制中得到了更为充分的利用，有效集聚竞技体育的各种需求，从而充分地发挥出竞技体育具有的潜在的商业价值。

3. 在体育竞赛表演产业形成中，产业化是其发展取向

所谓体育产业化就是指使体育事业的基本运作方式向着市场经济的基本要求方向转化。就目前的体育产业化发展趋势来说，体育产业化就是对一种观念进行更新，这也对其中的相关内容提出了具体要求。例如，体育事业应是投入与产出二者共存的有机结合体；体育部门也应该是社会福利部门，具有生产性质；将社会效益与经济效益二者综合起来，是体育部门所追求的；国家政府主管部门应将国家投入转为国有资产，并对其进行增值和保值，从而更好地保障民间及企业对体育投入的回报和经济效益。从整体上来看，体育事业具有公共和半公共产品的性质，同时也具有营利性质，这是客观存在的。

作为一种机制的转化，体育产业化能够充分地体现出形成体育竞赛表演产业的基础条件。值得注意的是，体育发展与市场经济的运行机制和规律有着非常密切的关系。在促进体育产业发展的过程中，法律手段和经济手段是必然采用的重要手段。通过借助市场，体育产业能够更好地增强其自身的"造血"功能，更好地为实现体育产业所具有的商业价值和应有价值提供保证。此外，政府和企业在体育产业发展中也要对各自应具备的功能加以准确定位。

（二）具体条件

体育竞赛表演产业的形成仅仅依靠上述几个基本条件是不够的，还

应该具备一定的具体条件。

1. 竞技体育需求量要满足一定的标准

在体育竞赛表演产业发展过程中，社会对竞技体育是否具备足够的需求量，这直接决定了体育竞赛表演产业以后的生存和发展情况。

通常从三个方面来理解竞技体育需求量。

首先，在运作方面，要保证竞技体育能够更好地实现收支平衡。

其次，要促使竞技体育的需求量能够达到更好地激发运动员的激情的程度。

最后，竞技体育需求者在受到竞技体育影响之后，开始从竞技体育观赏者转变成竞技体育参与者。

从某种角度来看，运动员与观众之间的互动性在体育竞赛表演产业中有着更为鲜明的体现。而就竞技体育消费者来说，其参与需求与观赏需求也存在着非常密切的相互促进关系，这对竞技体育的观赏需求产生了很大程度的影响。这种循环影响可以通过图 6-1 呈现出来。

图 6-1 竞技体育消费需求之间的循环影响

2. 竞技体育的经济资源投入要达到相应的标准

只有在保证竞技体育的投入和产出最低量的基础上，形成一定的规模，这样才能促使竞技体育逐步发展成为独立的产业。这需要同时满足两个条件。

一是，要对竞技体育产生自身运行的资源整合要求进行维持。

二是，在竞技体育市场运行中，要维持必要的支出。

只有能够同时使以上两个条件得到满足，才能证明投入体育竞赛表演产业中的经济资源是有效的。

在产业化发展过程中，竞技体育一般会表现为职业化、半职业化和非职业化三种形态。体育竞赛表演产业也能够通过这三种形态而展现出与之相对应的形态，分别是指体育竞赛表演产业中那些市场化较早，具有较强盈利能力的项目；能够对部分支出进行弥补，已初具一定的发展规模，但尚未成为一个完全独立的项目；具有相当的比赛价值，但社会需求量不高，通过进行市场化运作，尤其是进一步开拓消费市场之后，能够进行职业化发展的竞技项目。

3. 在规模和水平方面，竞技体育要达到一定的标准

竞技体育作为一个产品，从产品提供者的视角来看，只有竞技体育在规模和水平方面的表现达到一定要求之后，才能形成相对应的体育竞赛表演产业。也就是说，体育竞赛表演产业在具有相当观赏价值以及足够吸引力的同时，还要在需求方面达到一定的规模。而从消费者的角度来看，竞技体育只有达到一定的消费要求，才能够形成相对应的产业，在此过程中需要有"保守者""成熟者""热情者"共同作用和行为，以为促进体育竞赛表演产业健康可持续发展提供有效支撑。对于竞技产品来说，其提供者与消费者之间存在的关系可以通过图 6-2 更为直观地体现出来。

图 6-2　竞技体育产品提供者与消费者之间的关系

三、体育竞赛表演产业的发展模式

目前来看，体育竞赛表演产业的发展模式根据经济体制可分为政府参与型和市场主导型两大类。

（一）政府参与型模式

该类型模式主要是指由政府制定本国体育竞赛表演产业发展的具体目标，在组建和运作市场主体的过程中通过借助多种手段来进行规范、调控和引导。采用这种模式来发展本国体育竞赛表演产业的国家有很多，如法国、日本、韩国等，这些国家都属于后发市场经济国家。

(二) 市场主导型模式

所谓市场主导型模式是指通过市场主体对商业利润的不懈追求为体育竞赛表演产业的发展提供重要的驱动力,同时,不同市场主体相互之间的竞争所带来的压力和动力也是其原动力来源。一般来说,以市场主导型发展模式在原发市场经济国家最为常见,其中最为典型,最具代表性的国家是英国和美国。

四、竞技体育服务业的经营与管理

(一) 竞技体育服务业发展历程

竞技体育服务业主要包括职业体育赛事、大型综合性运动会、商业性体育赛事和社会体育竞赛等方面,竞技体育服务业的发展也主要从这几个方面表现出来。

1. 职业体育赛事

对于运动竞赛市场来说,职业体育赛事是其中非常重要的组成部分,很多高水平的体育赛事随着体育商业化和职业化在世界范围内的快速推广和发展而家喻户晓,也逐渐发展成为人们日常生活中时时关注的热点话题。目前我国的职业体育俱乐部大约为150个,在这些职业体育俱乐部中以足球、篮球、乒乓球、排球四大职业联赛为首。

从我国目前各个体育运动项目市场发展情况来看,发展不平衡现象普遍存在。详细地说,这些进行市场化发展的体育项目可以分成以下三类。

(1) 第一类

主要是指以乒乓球、足球、排球、篮球四大职业联赛为首的少数体育运动项目,这些体育运动项目市场发展的特点是已经形成了相当的市场规模,并且有着非常广泛且扎实的球迷和观众群体,受到企业界和新闻媒体的热捧。

(2) 第二类

主要是指跳水、摔跤、散打、体操等运动项目,大约占到1/3。针对这些体育运动项目进行挖掘和开发,能够进一步建立起最初的体育竞赛市场管理模式。

（3）第三类

所占比例接近 2/3，其中以棒球、举重、垒球、射击等项目最为典型。虽然对这些项目的市场化运作进行了很多尝试，但所取得的成效甚微，其市场化发展的速度非常缓慢。

2. 商业性体育赛事

所谓商业性体育赛事主要是指通过采用各种手段来对体育赛事的资源进行充分挖掘，同时进行赛事策划包装以及赛事地经营实施等，从而更好地实现竞技体育赛事所具有的商业性价值。它也是竞技体育赛事的重要组成部分。在我国体育市场中，随着各类商业性赛事的加入和快速发展，体育赛事也越来越向着商业化方向转变，并且体育赛事成为一种名副其实的商品，并在市场中完成产品交换，同时也极大地为我国竞赛表演体育服务业的发展开拓出了广阔的市场空间。需要注意的是，作为一种商品，体育赛事伴随着我国不断深化的经济体制改革以及我国各种体育赛事与市场的完美结合而更好地实现了其自身所具有的价值。

这些年来，我国举办了诸多商业性的体育赛事，受到了世界各国人民的广泛关注，如 F1 汽车大奖赛、NBA 篮球季前赛、ATP 网球大师杯赛、皇马中国行等，这些体育运动项目通过商业性体育赛事的成功运作而逐步进入了我国竞技体育表演服务市场，更好地满足我国国民观赏高水平体育赛事的需求，同时也促使我国竞技体育表演服务得到了更好、更快的发展。

3. 社会体育竞赛

社会体育赛事与学校体育竞赛、高水平的竞技运动赛事、职业体育赛事、军队体育竞赛等不同，它是大众竞技体育运动的重要组成部分。所谓社会体育竞赛是一种将身体运动作为主要的手段，在社会成员中广泛开展和自愿参与的，以衡量身体运动能力和运动技术为主要目的的身体娱乐活动。就体育活动来说，人们的参与意愿也随着我国社会经济的飞速发展和人们生活水平的提高而变得越发强烈。其中，社会体育竞赛就是一种能够使社会大众参与体育竞赛的需求得到满足的重要形式。因此，作为社会体育的重要内容，社会体育竞赛也是全民健身计划得以实施的重要载体。

通过提供各种类型的社会体育赛事服务，能够使越来越多的老百姓进行关注，并参与体育健身活动，这为全民健身活动的开展与推广起到一定的推动作用。就目前来看，我国的社会体育赛事尚处于最佳的发展机遇时期。目前我国的社会体育竞赛项目主要有竞技类项目（足球、篮球、乒乓球、羽毛球等）、气功保健类项目（太极拳、秧歌、健身操等）、传统趣味性项目（"九子"、扯铃等）、休闲类体育项目（钓鱼等）、社交类项目（门球、家庭体育竞赛等）等。此外，在社会体育竞赛服务运作过程中，政府相关主管部门、社会和街道相关的组织、体育中介机构等是其中主要的机构。

4. 大型综合性运动会

大型综合性运动会是促进我国体育事业发展、体育竞技水平提高的重要环节，其具有推动经济发展和社会进步的多元化功能。对大型综合性运动会进一步加大市场开发力度，是我国社会主义市场经济发展以及体育体制改革的必然要求。

在众多大型综合性运动会中，全运会当属其中的典型代表，它的举办一部分来源于国家财政的定额拨款，另一部分来源于赛事承办地方政府的自行筹集。近些年来，各个省市承办地对赛事市场进行了积极开发，在此期间采取了很多手段，如等级赞助商、赛事与活动冠名、专有权、电视转播权等面向社会来筹集相应的赛事资金，获得了不错的成效。

对以全运会为典型代表的大型综合运动会加大加强市场开发的力度，促使大型综合运动会得以健康、可持续发展，是我国社会主义市场经济快速发展以及体育体制改革的必然要求，同时也使得竞技体育服务业得到了一定程度的发展，进一步增加了体育赛事无形资产所具有的价值，并促进了竞技体育表演服务市场得以更加繁荣发展。

(二) 竞技体育服务业经营管理的内容

我国竞技体育服务业的市场化运作所需要的资金，其来源一是社会和政府的资助，二是赛事承办者从自身的经营活动中获得相应的资金。

一般来说，竞技体育表演市场运营主要包括以下五个方面。

1. 组织门票收入

对于体育赛事来说，门票收入是竞技体育赛事所需资金的重要来源之一。如在奥运会、各单项体育运动赛事、各大职业足球联赛中，门票收入依然是重要的资金来源。而门票收入受到诸多因素的影响，其中最为重要的影响因素是门票价格、社会大众的体育消费意识以及社会经济发展水平。为了获得更为理想的门票收入，赛事的相关组织或部门在进行门票收入组织时，要注意：

第一，门票价格的设定要依据体育运动竞赛的水平和赛事级别来确定。

第二，门票价格的设定还要考虑赛事举办国总体的竞技发展水平。

第三，门票销售渠道的选择要充分考虑体育市场的需求情况。

2. 出售媒体转播权

大型运动竞技市场经营和管理的重要内容之一，就是媒体转播权经营。出售媒体转播权同时也是资金来源的一个重要渠道。现代大型的体育赛事具有较大的赛事规模、较高的竞技运动水平和较好的观赏价值，这对世界各国人民都形成了巨大的吸引力，因此，当赛事举办时往往会吸引世界各国数亿甚至数十亿的电视观众关注此项赛事。通常情况下，体育竞技媒体的转播权包括电视转播权、广播电台转播权和互联网转播权，而电视转播权在其中占据着主导地位。

由于现代网络的快速兴起和发展，竞技体育受到了社会各界越来越多的关注。为了获得竞技体育的转播权，各个电视机构之间的竞争日益激烈，这使得电视转播费在一定程度上得以快速增长。从1936年第11届奥运会，奥运会开始电视实况转播，对于职业体育俱乐部来说，通过出售电视转播权获得的收入要高于门票收入。对于竞技体育市场来说，电视转播权等媒体收入的快速增长，进一步刺激了其发展和繁荣。而就整个体育服务业发展走向来说，在体育竞赛表演市场经营过程中，媒体转播权占据的位置显得尤为重要。

3. 开发运动竞赛的无形资产

无形资产是指不具备实物形态的经济来源或资产。而从某种层面来看，无形资产是一种重要的体育经济资源，能够带来更多的经济效益，同时能够更好地补充企业所获得的经营收入。无形资产产生经济效益的原理是将无形资产转化为有形资产。对于体育运动竞赛来说，其有着很多能够进行开发的无形资产，其中，体育竞赛的名称、吉祥物、会标、图案和标志等是较为重要的。通过竞拍、招标等方式来最大程度实现体育运动竞赛无形资产所具有的最大价值是对体育赛事无形资产进行市场开发所经常采用的手段。

4. 赞助与广告经营

在体育运动竞赛运营管理方面，赞助和广告经营也是其中非常重要的组成部分。在体育运动竞赛中，其广告业务涵盖了很多方面的内容，其中最为常见的有体育竞赛的秩序册、赛场通讯、各种宣传物品、体育竞赛成绩册、体育运动竞赛赛场内外的广告牌等。从运营方式来看，体育运动竞赛的运营形式主要有两种：一是自主运营；另一种是向中介公司委托代理。

就本质而言，赞助与广告经营实质上是对广告特许权的经营。也就是说，是为体育运动赛事寻找相关广告赞助商的经营活动。现在越来越多的大型企业都通过争取为体育竞赛提供赞助来获得更高的知名度，从而进一步宣传、推广、促销自己生产的产品，以获得更多的商业利益。体育竞赛表演在宣传方面具有独特的效果，能够帮助企业通过广告和赞助来达到对自身企业进行宣传的目的，这也吸引了更多的企业来为体育运动竞赛提供高额的赞助费用。

5. 发行运动竞赛纪念品

在体育运动竞赛中，常见的可以用来进行开发的纪念品有很多，如会徽、纪念邮品（包括纪念邮折、纪念邮票等）、纪念章、电话磁卡、吉祥物造型、纪念磁卡、纪念金币等。

在开发和运营体育运动竞赛纪念品时，常采用的形式主要有：

第一，通过体育竞赛组委会进行自行运营与开发。

第二，通过向其他商家企业进行委托和合作来进行运营与开发。

第三，通过出让许可证的方式来吸引有意向的商家企业来进行运营与开发。

采用以上方式来开发相关纪念品之后，通过进行相应纪念品的销售，能够获得较为可观的经济效益。在此过程中要特别重视体育运动竞赛纪念品的定价以及销售，要尽量多地采用各种渠道和策略来进行销售，从而获得更好的经济效益。此外，在对纪念品进行销售的过程中，要充分考虑纪念品本身所具有的精神价值，既可以在体育赛场周围进行销售，又可以在体育赛事举办地所在地区进行销售，同时还可以在其他地区以及其他国家进行销售，通过采用多种销售方式，使销售利益最大化。此外，在对体育赛事纪念品进行开发和运营的过程中，还要综合考虑对市场定势决策的分析与研究，以制定出与实际相符合，易于操作，可以实施的策略。

五、推动我国体育竞赛表演产业经营与管理的主要对策

（一）不断完善竞技体育市场运行体系和机制

计划经济时期是最初使用竞技体育发展模式的时期。竞技体育发展模式在进入社会主义市场经济阶段之后也一直被使用，在此期间，虽然对这一模式做出了相应的调整，但并没有对竞技体育发展模式进行根本改变，依然是社会体育资源在行政指令下的有计划的管理和配置。在市场经济条件下，资源的配置受到市场非常重要的影响。这就要求我们根据社会主义市场经济运行机制，对当前经济体育资源配置的手段进行相应的转变，在资源配置的过程中要积极贯彻"以市场为主，以计划为辅"的政策。这也需要我们对最新的管理方式和管理意识及时、积极的学习和运用，同时与"以市场为主，以计划为辅"的政策相契合。

因此，我们需要及时学习和运用最新管理意识和管理方式，同时合理构建同"市场为主，计划为辅"政策相契合的竞技体育市场运行机制以及竞技体育市场管理体制。

（二）不断完善竞技体育俱乐部运作机制

只有对俱乐部管理制度加以构建并进行不断完善，从而保证相应的

运行机制得到良好的循环，这样才能促使体育竞赛表演产业发展的目标得以顺利实现。

对体育俱乐部的完善程度有着决定作用的重要条件主要包括以下六方面：

(1) 是否具有独立的法人地位；

(2) 产品是不是自主经营的；

(3) 名称、场所、组织结构是否同时具备；

(4) 对于民事责任是否能够独自承担；

(5) 是否清晰划分出投资者所有权与法人财产权；

(6) 资产经营责任制和资本金制度是否建立。

对于竞技体育俱乐部，其迫切需要向着企业化管理的方向进行发展，逐步市场化，对市场经济规则予以遵循，通过对价格、需要、竞争等的严格运用来对具体的管理和经营进行开展，主动建立彼此制约、彼此依托的运行机制，对约束机制和投资机制进行合理构建。

(三) 树立经营开发意识

进一步提升品牌效益，对创新意识进行强化，这些都是对体育竞赛表演产业发展进程进行推动的有效措施。这就需要我们深入理解产业化经营开发，树立市场风险意识，对市场运行机制和市场运行体系进行不断的完善和发展，促使竞技运动实际水平得以最大限度提升，对体育竞赛表演产业发展策略和发展模式进行重点创新，并与我国具体实际相联系，积极地汲取和借鉴国外的成功经验，从而确保我国特色的体育竞赛表演产业继续向前发展。

(四) 加强政府宏观调控功能的发挥

我国竞技体育发展进程同我国社会主义市场经济的发展进程基本上是保持同步的，这主要是由于在特定的时间段内，体育俱乐部和体育产业化都会将相应的公共物品向社会进行提供，因此在对市场经济发展进行大力促进的过程中，同样也需要积极发挥政府的宏观调控作用得以，从而推动我国体育竞赛表演产业化发展的进程。

有效发挥市场机制的作用是政府进行宏观调控最为基础的条件。政府对体育竞赛表演产业目标进行干预，并不是对市场机制进行否定，而是对市场机制存在的不足之处进行填充，以使市场机制的作用能够最大化地发挥出来。

（五）促进社会公众参与程度的提高

在经济体育产业快速发展中，群众基础是其基础条件，这就要求我们对社会公众参与功能进行积极的挖掘和发挥。例如，对于体育竞赛表演产业发展中产生消极影响的行动要进行积极监督，提高参与竞技体育活动的具体次数，对于那些合理有效的体育竞赛表演产业活动要加大相应的支持力度，通过借助于媒体来进一步强化对于竞技体育俱乐部竞赛、竞技体育俱乐部训练的监控力度等。既要更好地鼓励和推动广大群众参与竞技体育，同时也要给予竞技体育经营高度的关注，只有这样才能更好地推动体育竞赛表演产业得以稳步、健康地发展。

第二节　体育用品产业的经营与管理

一、体育用品产业概述

体育用品即为用于开展体育活动并且具有一定体育特性的各种物品的总称，其与人们体育活动的开展具有密切关系。在狭义上，体育用品是指那些以运动训练实际为基础制造出来的，服务于运动竞赛和训练的消费品。这类体育用品有着严格的质量要求，需要达到运动规则规定的标准，并且有相关质监部门和体育运动机构对其进行检验、认真认证。广义上的体育用品则是指那些用于体育活动并且符合体育活动要求的那些生活消费品的总称。其不仅包括狭义上的那些体育用品，还包括体育健身和休闲等体育活动中所使用的体育用品。

体育用品制造产业是生产对接相互竞争的体育用品的企业的集合。我国国家统计局、国家体育总局共同制定了《体育及相关产业分类（试行）》，该标准对我国的体育用品产业进行了分类，具体见表6-1。

表6-1 体育用品产业分类

类别名称	层次名称
体育用品制造	球类制造
	体育器材及配件制造
	训练健身器材制造
	运动防护用具制造
	其他体育用品制造
体育服装及鞋帽制造	纺织服装制造
	制帽
	橡胶鞋制造
	塑料鞋制造
	皮鞋制造
体育相关产品制造	游艺用品及室内游艺器材制造
	绳、索、缆的制造
	皮箱、包装制造
	茶饮料及其他软饮料制造
	机械化农业及园艺机具制造
	汽车车身、挂车制造
	脚踏自行车及残疾人座车制造
	车辆专用照明及电气信号设备装置制造

二、体育用品产业经营与管理的策略

(一) 积极打造体育用品的品牌

近年来，人们逐渐认识到了品牌的重要性，通过不断打造国际知名的品牌，能够更好地促进产品的销售和推广；通过打造优秀的体育用品品牌，树立自身的品牌文化，能够在竞争中树立品牌优势，从而更容易获得消费者的认可。

现阶段，我国体育水平处在相对较高的发展水平，但是体育用品和品牌文化并没有取得较好的优势。为了提升体育用品的竞争力，应注重品牌的打造，管理者应树立良好的品牌意识，创建属于自身的品牌文化。

(二) 体育用品的个性化发展

现代社会注重个性的发展，人们在各个方面注重自身的独特性，张扬个性是现代人的重要特点。体育用品方面，人们也在追求个性化。体育用品的个性化发展是体育用品发展的必然趋势，企业应充分注重消费者的需求，适应消费者的购买心理。

(三) 体育用品企业营销手段的网络化

现代社会被称为"网络社会"，网络将世界各地的人逐渐联结在了一起。体育用品企业在进行营销时，应注重手段的网络化。大数据、云计算等是网络时代出现的重要思维和手段，能够对消费者的偏好进行分析，从而为消费者提供更好的商品和服务。通过利用现代化的营销手段，能够拉近与消费者之间的距离，开展精确营销，从而提高营销效果。

(四) 体育用品产业结构的优化对策

1. 政府加大支持力度

我国体育用品产业起步较晚，随着改革开放的不断深入，一些国际品牌不断涌入我国，使得我国的一些品牌遭受了较大的冲击。为了推动体育用品产业的发展，我国应积极营造良好的外部政策环境，为企业的发展创建良好的金融和财政政策环境，促进我国企业自我发展能力的培养。

我国在社会主义市场经济体制的基础上应积极完善和规范市场环境，促进市场竞争的有序开展，应推动市场在产业结构调整和资源配置中的基础作用，推动我国企业积极开展现代企业改革，不断提升自身的竞争力。

2. 提升专业化水平

体育用品企业在发展过程中，应积极转变自身的经营管理思想观念，推动自身运营管理的科学化发展。中小企业应积极壮大自身，加快专业化分工，积极推动技术创新。中小企业灵活性较强，能够开展弹性经营，对于市场需求具有较强的适应性。

中小企业应围绕体育用品产业的产业链条形成高度专业化的分工、协作，充分发挥自身的专业技术、原材料等方面的优势，促进生产效率的提高。

3. 加强技术创新

中小企业应积极进行技术创新，多采用一些新的工艺和新材料，应促进体育用品向着技术密集型和资本密集型方向转变，增强自身在市场中的竞争力。

4. 加强合作

面对日益激烈的竞争，中小企业应加强合作，促进品牌优势和资源优势的合理配置，从而营造规模效应。

第三节 体育健身休闲产业的经营与管理

一、体育健身休闲产业概述

(一) 体育健身休闲产业的内涵

体育健身休闲产业是休闲产业结构构成中一个最为基础的组成部分。体育健身休闲产业是指向人们提供设施、物品、服务等，并使人们的休闲体育消费需求得到满足的组织集合体。从某种层面上来说，体育健身休闲产业就是将满足人们休闲体育需求作为目的的产业。其概念主要包括四个方面的内涵。

(1) 在体育健身休闲产业中，休闲体育服务和休闲体育用品是两种主要的产品。

(2) 通过向人们提供相应的休闲体育产品，体育健身休闲产业能够实现休闲体育消费，这也说明了体育健身休闲产业所提供的产品具有明确的指向性。

(3) 对于休闲体育产品，人们通过支付一定的费用来进行购买，从而使自身的休闲体育需求得到满足,这一过程就是休闲体育消费。

(4) 与其他体育方式不同的是,休闲体育具有一个比较特殊的属性,在休闲体育产品生产和提供方面,体育运动便是其中的基本方式和基本手段。

(二) 体育健身休闲产业的基本特征

从产生到发展至今,在人们的日常生活中,休闲体育成为其中重要的组成部分,并逐渐形成了一个相对较为完善的休闲体育文化产业,这也是现代社会经济与现代体育共同发展的结果。通常来说,现代体育健身休闲产业主要包括三个方面的基本特征。

1. 消费者特征

(1) 年龄

对于参与休闲体育消费群体来说,处于不同年龄阶段的消费群体有着各自不同的消费特征,这主要从两个方面体现出来。

其一,在休闲产品消费方面,不同年龄阶段的人,其消费的侧重点存在较大差异。对于青年人来说,由于其具有较强的冒险精神,喜欢追求刺激的体验,往往会选择那些具有较大的运动强度、激烈的娱乐活动;而对中老年人来说,他们更喜欢选择那些运动量相对较小的活动。

其二,对于同一消费者来说,在不同的年龄阶段所表现出来的消费特征也存在较大的差异。美国经济学家 F·莫迪格利安尼认为,人的一生中消费特征在不同的年龄阶段也是不同的,并且将人的一生划分为少年、壮年、老年三个阶段。在进入壮年之后,消费后剩下的收入,一部分用来偿还之前欠下的债务,另一部分储存起来,以用来应对以后老年阶段的开支。这一学说被人们称为"生命周期假定"。从这一学说来看,人在壮年时期的收入高于消费,也就是说已经具备了在休闲体育方面满足消费需求的经济基础,因而成为体育健身休闲产业所重点关注的群体。

(2) 性别

在休闲消费中,性别也是一个非常重要的影响因素,这主要体现在两个方面。一是在休闲体育消费方面，男女消费者有着不一样的消费重点。由于男性消费者要比女性消费者具有更强的体力，因此男性消费者所选择的消费项目往往具有较强的刺激性和激烈性。二是由于社会角色的不同所产生的收入、职业差异。与女性相比，现代社会中男性在收入、职业、地位等方面的平均水平要好一些。这也造成了在休闲体育消费项目和领域方面，男性的需求与选择面大于女性。

（3）文化程度

作为一种文化活动，在休闲体育中所进行的各种消费，其实是一种文化消费。所以，在休闲体育消费方面，人的文化素养往往会产生很大的影响。通常来说，具有较好的文化素养和较高文化水平的人，能够正确地认识和理解休闲体育所具有的功能和意义，从而在参与休闲体育活动方面的兴趣往往也会提高。而对于文化水平相对较低的人来说，由于对休闲体育所具有的积极意义无法形成一个正确、全面的认识和理解，必须对这类人群加以科学引导。

（4）职业

从某种程度来说，一个人所从事的职业决定了其在这个社会中的地位。此外，职业也决定着工作量的大小、收入水平、生活特点和闲暇时间。通常来讲，对于具有较大工作量的人来说，他们往往会选择一些较为轻松的娱乐项目；与体力劳动者相比，脑力劳动者往往具有更多的娱乐兴趣。

（5）健康状况

休闲消费在一定程度上能够很好地缓解疲劳，促进体力的恢复，但所有的消费项目都会消耗一定的精力和体力。对于身强体壮的人来说，可以选择自己所喜欢的任何一项休闲体育项目；而对于年老体弱的人来说，必须根据身体健康状况，在身体能够承受的范围内选择娱乐项目，从而达到防病治病，延缓衰老的目的。

2. 休闲需求特征

（1）时间性特征

由于受到休闲时间的限制，人们的休闲需求往往会呈现出明显的周期性特点。在我国,节假日期间往往成为人们休闲需求较为集中的时段,在这些节假日期间往往会出现消费高峰期,即所谓的"假日经济"现象。事实上,"假日经济"是我国休闲竞技的一种特殊表现形式。一方面,为了更好地刺激社会经济快速增长,扩大内需,政府往往会采用宏观调控的方式来增加社会成员时间;另一方面,国家通过对职工工资标准进行上调,促使居民的购买能力得到提高,再加上消费观念和消费方式的转变,休闲经济现已成为一种消费趋势。

(2) 时尚性特征

从某种层面来看,在现代社会中,时尚是一种经济现象,通过它能够很好地反映出消费者收入水平的提高以及社会生产工艺技术的进步。此外,时尚也是一种心理现象,能够很好地反映出消费者心理和精神方面的需求,如消费者自我表现、求美求新、渴望变化等。休闲需求指向人的非生存性资料,同时受各种社会文化思潮的影响,追逐流行与时尚成为体育需求的一个特征。

(3) 个性化特征

体育需求的社会化主要从两个方面表现出来。

其一,休闲消费是人们为了满足自身非生存需求(如个性展示和自我发展等)的各种活动的总和,主体自身因素会对其产生较大的影响,因此在休闲体育项目消费和时间消费方面,都会表现出较强的异质性和个体性特征。

其二,对于休闲组织来说,其所提供的产品、品牌、服务等只有具有鲜明的个性,使消费者的休闲需求得到满足,才能赢得主动,获得发展。

(4) 层次性特征

休闲需求具有强烈的购买欲望。就个体的休闲需要来说,在受到各自不同经济条件的影响和限制下,形成了各种不同层次的休闲需求。此外,在相同的经济条件下,由于消费者在兴趣、爱好、文化素质等方面存在差异,也会使他们的休闲需求产生明显的层次性。一般来说,休闲体育需求包括两个层次,即现实需求和潜在需求。只有在一定经济条件的支撑下,才能将潜在的需求转化为现实需求。就结构而言,休闲体育需求主要由五个方面构成,分别为活动需求、体验需求、环境需求、满意需求、收获需求。其中,休闲体育需求的终极目标是满意需求。

3. 产品经济特征

(1) 生产与消费的不可分性

从时间和空间上来看,休闲体育产品的生产和消费是不可分离的,即生产与消费的不可分性。对于休闲体育产品来说,其具有不可储存性,只能在一边生产的同时,一边进行消费,如健身锻炼、球类运动的消费,在时间和空间上脱离了与生产环节的同一性,这就很难真正、充分地实现其所具有的价值。

(2) 休闲体育产品生产要素供给弹性的特殊性

休闲体育产品价格的变动对其供给量变动所带来的影响的程度,即休闲体育产品生产要素。

其一,劳动力的供给弹性系数小于1。

这里所说的劳动力主要指的是休闲体育产品的生产者,如健美运动中的教练、球类运动的教练等。这些人往往掌握了很多特殊知识和专门的技能,当这种劳动力的价格开始上涨之后,它的供给量很难在短时间内做出相应的调整,供给弹性无限接近于0,不管其价格发生怎样的上升变化,它的供给量都不能有所增加。这也就要求休闲体育相关企业要加强对相关的休闲体育人才的培养,重视人才,尤其是对那些有着特殊贡献的高层次人才,更应该给予重视。

其二,娱乐场馆场所的供给弹性系数小于1。

娱乐场馆场所主要是指健身房、运动场馆等。就生产技术和管理的层面来看,这一类要素的生产周期很长,并有着很高的技术含量,在其价格出现变化之后,在生产和供给方面的调整和增加有着很高的难度,供给弹性系数要小于1。这也就是说,当娱乐场馆场所的供给出现变动的幅度要远远小于其价格变动的幅度。这也就需要我们做出统筹规划,合理布局场馆场所，从而更好地避免以后出现浪费和闲置等情况。

其三，一般运动器材的供给弹性系数大于1。

一般运动器材主要包括运动服饰、球类、健身器材等，这些都是价格不高的休闲体育产品，具有生产周期短，技术含量相对较低的特点。而从生产技术和管理的层面来看，当价格出现变化之后，这些要素的生产难度较小，它的产量往往高于价格变化的速度，因此一般运动器材的供给弹性系数要大于1。

（3）休闲体育产品生产要素的替代弹性较大

所谓休闲体育产品生产要素的替代弹性是指当休闲体育产品的一种生产要素在价格方面发生变动之后，其与另外一种生产要素之间相互替代的变动率。对于休闲体育产品来说，大部分的生产要素都具有较大的替代弹性。当其中的一种生产要素在价格方面发生变动后，可以通过另外一种要素来进行替代。例如，当健身房房租费用、健身器材等价格过高时，人们往往会选择使用一般性的运动器材，或者参与一些徒手运动，如散步、跑步、打太极拳、练气功等，这些特征也充分说明，健身房、健身器材等生产要素的提供者，在针对产品制定价格策略时，不能将这些要素的价格制定太高，要不然就容易造成"为渊驱鱼"的后果，从而导致消费者寻找价格相对较低的替代品。

（4）休闲体育产品具有最终产品的性质

在休闲体育产品中，劳务形态也包含其中，它所具有的价值很大一部分是由劳动的消耗组成的，运动器械等投入品在这个行业中所占据的比重相对较小。这也使其具备了中间投入率小的特点。另一方面，休闲体育产品被其他产业作为投入品（原料）的比例小，人们往往为了满足最终的消费需要来购买休闲体育产品，这也使得休闲体育产品具备了最终产品的性质。

(三) 体育健身休闲产业体系构建

体育健身休闲产业是休闲产业中一个非常重要的组成部门，它主要包括休闲体育服务产业和休闲体育用品产业，如图6-3所示。

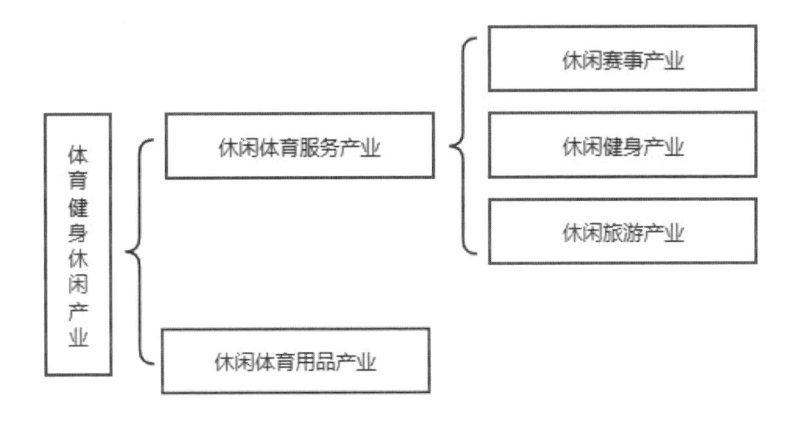

图 6-3 体育健身休闲产业体系

休闲体育用品产业是指在休闲体育产业中从事休闲体育用品、设施、设备、服装鞋帽等生产的组织共同为了更好地实现休闲体育活动得以顺利开展而组成的一个集合。

休闲体育服务产业由诸多产业构成,较为常见的有体育健身产业、体育赛事产业和体育旅游产业。体育健身产业是指从事各种户内和户外健身产品提供的组织为了更好地满足人们的休闲体育需求而组成的一个集合。体育赛事产业是指从事体育竞赛表演等观赏性产品提供的组织为了更好地满足人们的休闲体育需求而组成的一个集合。体育旅游产业是指从事体育运动为主要内容的旅游产品提供的组织为了更好地满足人们的休闲体育需求而组成的一个集合。

二、体育健身休闲产业的经营与管理模式

就我国目前体育健身休闲产业的运营模式看,主要包括以下五种类型。

(一)国家休闲体育发展事业型运营模式

将休闲体育纳入人类文化范畴,并在这一思想指导下,与健康体育经营融为一体而形成的经营模式,即为国家休闲体育发展事业型运营模式。国家承担了这一运营模式所有的投入,同样也承担了其所有的支

出。旨在提高人们的生活质量，不带有其他任何经济目的是这一运营模式所追求的最高目标，如居民区花园、市民广场、公园等，都是为了营造出优美的休闲体育活动环境。

（二）政府主导的体育健身休闲产业经营模式

政府主导的体育健身休闲产业经营模式是我国在大力发展社区工作时期提出的。这种经营模式，特别强调政府在全部过程中的主导作用。前期投入主要由政府负责，后期经营主要由政府负责，过程管理主要由政府负责。需要说明的是，它突出强调的是"主要"而不是"全部"。实际是利用行政手段加以调控或进行干预的一种经营模式。这种经营模式或多或少带有强制性和行政管理的功能色彩。

（三）事业型休闲体育的产业化运营模式

事业型体育健身休闲产业化运营模式是我国所处的社会经济特殊发展时期所提出的一种全新的运营模式。提高人们的日常生活质量依然是这种运营模式所追求的最高目标。由国家或社会承担其前期的所有投入，随着这一运营模式的正常运转，其后期的投入由其自身通过经营来获得。

（四）社会休闲体育福利事业型运营模式

这种运营模式是将社会集资、社会赞助作为主要经济来源的模式，提高人们日常生活的质量同样也是这一运营模式所追求的最高目标。同时，也提出了人们要参与创造过程的经营理念。也可以说是"国家小投入，社会（企业）大赞助，人人出钱为人人"的运营模式。这种运营模式主要强调运营管理者的无私奉献精神。

（五）商业化的体育健身休闲产业运营模式

商业化的体育健身休闲产业运营模式是在市场经济条件下所形成的一种模式。经营者在这一运营模式中承担的全部投入，使企业获得的经济利益最大化是这一运营模式所追求的最高目标。虽然从理论层面来看，这种运营模式在促进人们生活质量提高方面发挥了非常积极的作用，但生活质量在这种模式下获得提高是通过物质交换实现的，如果脱离了物质基础，也就脱离了已经提高了的生活质量。但是，商业化的休闲体育产业运营模式也为人们更好地认识和理解高质量的休闲体育生活提供了很好的途径，并将这种理解提到了一个全新的高度。

上述这些体育健身休闲产业运营模式，其目的都是更好地促进人们生活水平和生活质量的改善与提高，大大减轻国家的负担，通过对资源进行有效、合理的利用，从而构建出一个和谐的社区、和谐的社会。当然，在不同的地区和省份不能采用同样的运营模式，在选择运营模式时要充分考虑当地的具体实际，因地制宜，选择与本地区相符的运营模式。

第四节　体育旅游及体育服务产业的经营与管理

随着经济社会的发展，各方面的竞争也更加激烈，在现代社会，人们普遍面临着较大的社会压力，适当进行休闲就显得尤为重要。虽然各种休闲娱乐设施不断兴起，但是人们更愿意到新的地方去体验新鲜感。因此，体育旅游正成为很多人的选择。体育旅游可理解为有身体参与性活动的异地休闲活动。这种方式的活动具有良好的体育锻炼价值，能够促进身心的健康发展。在旅游过程中，不仅可以强身健体还可以拓宽眼界，增长见识。

一、体育旅游概述

(一) 体育旅游的概念

在当今体育界和旅游界中，体育旅游已经成为研究的热点，它是将体育与旅游相结合而形成的产物。很多专家、学者都从自身研究的角度来对体育旅游给出了相应的理解，因此目前尚未形成统一的体育旅游概念。此外，对于体育旅游的认识，体育界和旅游界也存在着不同的观点。一般来说，对于体育旅游的概念，体育界往往会从广义和狭义两个层面来进行界定，而旅游者则是根据体育旅游所具有的"旅游本质属性"和体育旅游者的参与动机来进行界定。

目前，我国很多体育界的学者针对体育旅游的概念做出了相对较为集中的阐述。其中，在《社会主义市场经济条件下体育旅游业经济效益的思考》[①] 一文中，针对体育旅游的概念，杨秀丽从广义和狭义两个角度来进行了阐释，具有比较典型的代表性。从广义的角度来看，体育旅游就是体育旅游者在旅游的过程中所参与的各种身体锻炼、体育娱乐、体育康复、体育竞赛、体育文体交流活动与体育旅游企业、旅游地、社会之间关系的总和。而从狭义的层面来看，体育旅游就是通过开展各种形式的体育旅游，发挥体育所具有的各种功能，促进体育旅游者身心和谐发展，更好满足体育旅游者各种体育旅游，从而实现丰富社会文化生活，促进社会精神文明和物质文明建设的一种活动。

（二）体育旅游的基本结构

体育旅游是体育与旅游相结合而形成的产物，但这并不意味着体育旅游就是体育与旅游二者简单的叠加。从某种程度上来看，体育与旅游的结合同其他学科领域存在着一定的联系。但这也会产生一些新的结构，这也就为体育旅游提供丰富内容的同时，也为体育旅游提供了更加生动、富有刺激性的活动方式。就旅游的活动方式来看，休闲、探险同体育和旅游有着非常密切的联系。体育旅游是体育与旅游的结合，在结合了休闲和探险等相关元素之后，体育旅游也形成了更加丰富的形式和活动内容。

这些年来，随着体育旅游的不断发展，户外体育旅游逐步成为一种非常流行的旅游项目，其场地大都是在自然的野外环境之中，如自行车、障碍跑、定向跑、水上运动、跑步、攀爬、轮滑、溜索、漂流、滑草、扎筏渡河、划船等。户外体育旅游项目既包括户外体育休闲项目，

---

① 杨秀丽. 社会主义市场经济条件下体育旅游业经济效益的思考［J］. 沈阳体育学院学报，1999（1）：13—14.

同时也包括户外竞技探险项目。户外体育休闲作为户外体育旅游的基础，也是当前大众体育健身发展的新趋势，而户外竞技探险则引领着户外体育旅游的发展方向，也是户外体育休闲从量变到质变的结果，具有浓厚的经营色彩。

所以对于体育旅游，可以通过各个不同的角度来加以认识。而就本质来说，户外体育休闲与户外体育竞技探险是人们从体育训练学和旅游学的角度来认识体育旅游的。

（三）体育旅游的基本类型

体育旅游可以分为不同的类型，可以从体育学、旅游学、休闲学和探险学等角度对其进行综合分类。具体来说，体育旅游的类型结构如图6-4所示。

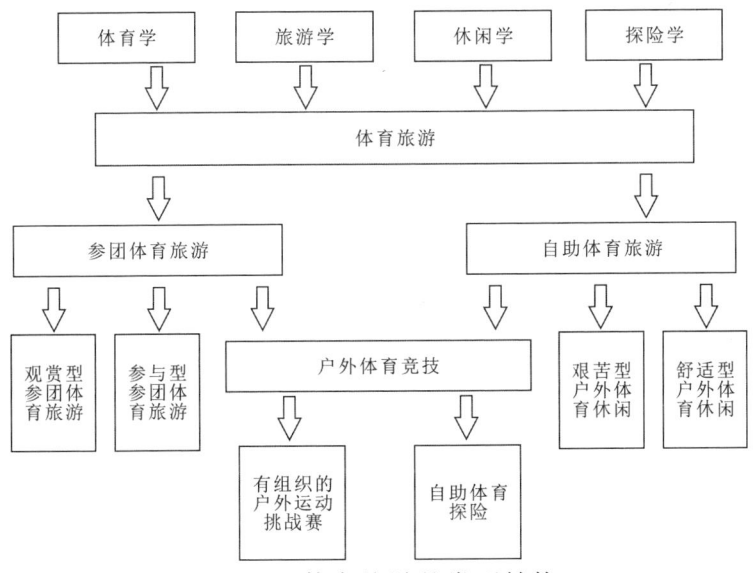

图 6-4 体育旅游的类型结构

通过对图6-4的分析可知，人们一般将体育旅游分为参团体育旅游和自助体育旅游两大类，而其又可具体分为不同的小类。

1. 参团体育旅游

人们一般将参团体育旅游分为三类，即观赏型、参与型以及竞赛型，这些形式的体育旅游类型都有其相应的自身特点。

(1) 观赏型

在参团体育旅游中，观赏型的体育旅游者的参与程度相对较低。在观赏型体育旅游活动中，旅游者主要通过自身的感官来欣赏和体验体育活动、体育景观和体育文化等，从而在这一过程中获得良好的愉悦感受。旅游者在参与过程中，相应的费用一般一次性缴纳，并且旅游组织者统一安排各项活动，内容相对较为固定，个人的活动自由度相对较小，体能消耗也很小。

(2) 参与型

参与型参团体育旅游活动与观赏型活动相比具有很多相似之处。具体而言，其都是由体育旅游部门统一安排的，并且都是一次缴纳相应的费用。其不同之处主要表现在两个方面：第一，参与型参团体育旅游活动不仅需要旅游者观看，还需要其亲身参与其中；第二，其需要在相关人员的指导下来完成相应的体育运动项目，但是其参与的活动主要是以体验、感受和娱乐为目的。这一类型的活动虽然个人的自由度也相对较小，但是其活动消耗相对较大。

(3) 竞赛型

竞赛型参团体育旅游活动是以参与某种体育竞赛为主要目的而进行的旅游活动，这一类型的活动对于团队行为的要求相对较为严格，对于参与者的年龄、性别和团队的人数等都有一定的要求，一般多为报名参加的形式。竞赛型参团体育旅游的特点主要表现为：较为注重团队，几乎没有个人自由，需要在规定时间内完成相应的竞赛项目，并且具有较强的挑战性，参与者承受的身体负荷比前二者都要大。

2. 自助体育旅游

自助体育旅游是一种非常流行的旅游形式，尤其是随着私家车的增多，人们通常利用节假日进行自驾游。这一类型的体育旅游活动很少依赖外界的帮助，通常自己来安排相应的体育旅游项目。通常情况下，可以将自助体育旅游类活动分为两类，即户外体育休闲和自助户外竞技探险。

(1) 户外体育休闲

户外体育休闲以体育活动为主要内容,其旅游形式相对较为自由,没有相应的限制。户外体育休闲类的体育旅游活动包括度假型体育旅游、健身娱乐型体育旅游和保健体育旅游。下面对这三方面的体育旅游类型进行分析。

度假型体育旅游是旅游者主要为了度假而进行的旅游活动,通常人们会利用长假来进行,如国庆黄金周、春节等来进行体育旅游活动。旅游者在参与这一类型的体育旅游活动过程中,能够达到消除疲劳、调整身心和排遣压力等方面的效果。

健身性体育旅游将体育健身、疗养和体育康复作为主要的目的。健身娱乐型的体育旅游更加注重娱乐性健身理念,在娱乐过程中具有明确的健身目的。

保健体育旅游具有非常强的目的性,人们参与这一类体育旅游的主要目的是为了治疗疾病、恢复体力等。具体而言,这一类体育旅游主要有两种类型:其一,是将按摩、药疗、气功、电疗、食疗、针灸等技术措施与矿泉、森林、气候等具有疗养价值的自然条件相结合,以达到帮助参与者治疗和康复身体的目的疗养旅游,比较常见的有高山气候疗养、海滨度假等;其二,是在自然条件下,进行登山、滑雪、冰上活动、游泳、划船、打高尔夫球等旅游活动的体育旅游。

(2) 自助户外竞技探险

自助户外竞技探险特点显著,其具有挑战自我和自然的特点,与各种户外体育运动具有密切的联系。参与这一类型体育旅游的游客个性较强,将自身与大自然作为对手,不断追求自我的极限,不断征服自然。竞技探险类体育旅游项目包括登山探险、地下洞穴探险以及高空跳伞等活动。

二、体育旅游业分析

体育旅游是一种重要的旅游项目,其具有一般旅游项目的特点,同时也具有自身的独特性。体育旅游业以体育旅游资源为基础,以旅游活动为载体,满足了人们体育和旅游等方面的综合需求。

具体而言,体育旅游业具有三方面的内涵:

第一,体育旅游资源是体育旅游业的主要依托。在开展体育旅游业时,需要具有一定的体育旅游资源,这样才能够对体育旅游者具有充分的吸引力。

第二,体育旅游企业开展的体育旅游活动,其服务对象为体育旅游者。

第三,体育旅游产业由各种相互关联的行业构成,其是一种综合性的产业。

体育旅游内部各行业通过提供相应的产品和服务来满足体育旅游者的不同需求,促进体育旅游活动的开展。其内部各行业开展经营活动的基础是体育旅游者的需求,即各项生产活动为满足体育旅游者的需求而展开。

(一) 体育旅游业的构成

一般可将体育旅游业分为直接体育旅游业和间接体育旅游业。所谓直接体育旅游业,主要是指那些与体育旅游者密切相关的产业,需要体育旅游者进行消费才能够使这些企业存在,这些体育旅游企业包括旅行社、交通、通讯、旅馆、餐饮等。间接体育旅游企业主要服务的对象并不是体育旅游者,体育旅游者的存在与否并不会危及这些企业的生存,这些企业包括销售业、游览娱乐企业等。

由此我们可以看出,对体育旅游业构成的一般看法是建立在直接体育旅游企业这一基础上的,而较为全面的看法则既包括直接体育旅游企业,也包括间接体育旅游企业,同时还包括支持发展体育旅游的各种旅游组织。最终我们可以得知我国体育旅游业的构成部门主要有:(1)体育旅游餐饮住宿业,主要包括饭店、宾馆、餐厅、野营营地等;(2)旅行业务组织部门,主要包括体育旅游经营商、体育旅游经纪人、体育旅游零售代理商、体育运动俱乐部等;(3)交通运输通讯业,主要包括航空公司、海运公司、铁路公司、公共汽车公司、邮政局、电信局等；（4）游览场所经营部门，主要包括体育主题公司、体育运动基地等；（5）目的地旅游组织部门，主要包括国家旅游组织（NTO）、地区旅游组织、体育旅游协会等。

上述五个部门之间都存在着共同的目标和相互促进的联系，这便是通过吸引、招揽和接待外来体育旅游者促进体育旅游目的地的经济发展。虽然其中某些组成部分不是以直接营利为目的的企业，例如，体育旅游目的地的各级旅游管理组织，但它们在促进和扩大商业性经营部门的盈利方面起着重要的支持作用。

（二）体育旅游业的性质

一个国家发展旅游的动机通常都会涉及政治、经济和社会几个方面，往往以其中的一项作为重点，兼顾其他两个方面。但是，根据旅游业的发展状况，国家会对旅游动机的重点进行适当的调整，这是一个国家政治、经济和社会发展的需要。从国家的角度来看，推动和促进旅游发展的工作乃是一项有着多重目的的事业，因此，对此的重视程度也相对较高一些。

在我国市场经济条件下，旅游业作为一项产业，主要通过对旅游的推动和提供便利服务来从中获取收入。以营利为目的并需要进行独立核算的经济组织，就是所谓的企业，而各类旅游企业是旅游业的主要构成因素。由此可以得知，旅游业有着较为显著的营利性质。因此，旅游业也必须进行经济核算。另外，需要强调的是，从根本上来说，旅游业是一项经济性产业，因此，并没有将其列入文化事业的范畴，而是将其列为国民经济的组成部分。

体育旅游是一种新型的旅游产品，其与普通的旅游一样，包括食、住、行、游、购、娱等环节，而这些方面都是体育旅游产品的具体内容。虽然体育旅游产品的内容不同，但都涵盖在消费者体育旅游这一过程之中。体育旅游是一个过程，在这一过程之中，企业为消费者提供各种产品和服务。体育旅游产品的内涵和外延，伴随着科学技术的快速发展、社会的不断进步以及消费者日趋个性化的需求也在不断扩大，以现代观念对体育旅游运动产品进行界定，体育旅游产品是指旅游企业为了满足体育旅游者活动过程中的各种需求，而向体育旅游市场提供的各种物品与服务。体育旅游产品的外延也从产品的基本功能向产品的基本形式、期望的产品属性和条件、附加利益和服务以及产品的未来发展等方向拓展。

综上所述，体育旅游是现代大众旅游中的一项特种旅游，是旅游业的重要组成部分。体育旅游属于经济性产业范畴，有着较为显著的经济属性，具体来说，其是具有经济性质的服务行业，并且将通过为体育旅游者的体育旅游活动提供便利服务而获取经济收入作为其根本目的。

（三）体育旅游业的基本特征

体育旅游业是旅游项目中的一种特殊形式，其具有一般旅游行业的普遍特征，同时也具有独特性。体育旅游企业通过向体育旅游者提供相应的体育旅游活动而获取相应的收入，作为服务行业，其特征表现在如下六个方面。

1. 综合性

体育旅游业具有综合性特点，这主要是因为，人们在进行体育旅游消费时，有着不同的需求，体育旅游企业通过提供各种不同的体育旅游服务来满足人们的需求。在这一过程中，体育旅游企业获得相应的收益。

体育旅游者的需求是多方面的，整个旅游过程中的食、住、娱等都具有一定的需求，为了满足消费者这些方面的需求，体育旅游企业发展为多种形式，整个旅游过程中提供的服务是全面的、综合性的。

为体育旅游者提供不同类型服务的企业形成了相对较为独立的行业，但是其共同统一于满足体育旅游者的需求，这将其联系在一起，从而构成了一个综合性的系统。体育旅游者的体育旅游消费是一种综合性的消费，整个过程的消费体验都会影响消费者的心理，如果消费者对其中某一个环节感到不满，则整个体育旅游的体验过程效果就会大打折扣。因此，为了实现体育旅游业的可持续发展，促进体育旅游者多次重复参与其中，需要体育旅游的各个环节作为一个整体，为体育旅游者提供良好的服务。

2. 服务性

随着经济社会的发展，国民经济的产业结构正在逐步进行优化调整，第一、第二产业的比重出现了一定程度的下降，第二产业的比重则逐步上升。第二产业即服务性行业，体育旅游业是第二产业的重要组成部分，其越来越受到人们的重视。

体育旅游业产品是一种服务，人们进行消费的过程也就是企业提供服务的过程。对于体育旅游者而言，一次体育旅游获得最多的是一种经历和记忆，开阔了眼界和思维，是一种良好的心理和精神方面的感受。因此，体育旅游业具有服务性特征。

3. 依托性

体育旅游业是在经济社会发展到一定程度的基础上而形成和发展起来的，其对经济社会的各方面具有一定的依赖性。具体而言，这一依托性主要表现在：

第一，体育旅游业的发展依托于国民经济的发展，国民经济的发展水平是其产生和发展的重要基础。一个国家和地区的国民经济发展水平不高，则其体育旅游的发展必然会受到限制。在国民经济不断发展的基础上，人们的生活水平不断提高，闲暇时间逐渐增多，在体育旅游消费方面的投入才可能增加。

第二，体育旅游业的发展依赖于相应的体育旅游资源，体育旅游资源是体育旅游业发展的重要物质基础。东北地区正是依赖于其良好的自然环境条件，能够开展各种形式的冰雪体育旅游，而我国海南岛良好的滨海和热带气候条件，能够促进其滨海体育旅游业长盛不衰。体育旅游并不是单纯的旅游活动，体育旅游资源是其前提条件，只有区域内具备丰富的体育旅游资源和完善的配套设施，才能够促进体育旅游产业的发展。总而言之，一个国家和地区体育旅游资源的多少，将在很大程度上影响其体育旅游业的发展水平。

第三，体育旅游业是一种综合性的产业，其发展依赖于各部门和行业之间的密切合作，如果没有了其他行业的支持，体育旅游业的发展也会困难重重。

4. 风险性

体育旅游具有一定的风险性，这也使得体育旅游业成了较为敏感的行业，从业者面临着较大的压力。体育旅游不同于普通旅游活动，其需要旅游者具有一定的体育运动技能和风险防范知识。体育旅游企业各有特色，多以私营企业为主，并且可进行多次消费。同时，体育旅游业在发展过程中，受到多方面因素的影响，可能会出现一定的亏损状况。具体而言，体育旅游运营所面临的风险主要表现在：

其一，体育旅游者的需求变化相对较大，体育旅游需求受到自然的、政治的、经济的和社会等方面因素的影响，当这些因素发生变化时，体育旅游消费者的需求就会发生较大的变化，从而对体育旅游业的发展产生较大的影响。

其二，体育旅游业具有较大的依托性，这就使得其经营存在较大的风险。体育旅游业的发展更加容易受到整体经济发展环境的影响，当整体发展环境不良时，必然会导致体育旅游业的不良发展。

5. 关联性

体育旅游业具有较强的综合性和依托性，这也就导致了其必然具有关联性。所谓关联性，即体育产业由多个产业群体构成，各产业之间具有相应的经济联系，构成了相应的供需整体。体育旅游产业的关联性不仅涉及直接提供各种体育旅游产品和服务的行业，如住宿餐饮业、交通运输业、观赏娱乐业等，也涉及间接提供产品和服务的行业，例如，体育旅游产业发展过程中，必然会带动其他关联产业的发展，从而促进地区经济水平的提高。

6. 涉外性

体育旅游产业具有一定的涉外性，并且随着经济社会的全球化发展，这一特点将更加明显。在全球化发展过程中，国家与国家之间的交流不断增多，出国旅行成了很多人的选择，这也使得体育旅游业成为一项可以涉及国与国之间交往的产业，体现出了较强的涉外性特征。随着体育旅游产业的不断发展，知名度的不断提高，其涉外性将更加明显。

(四)体育旅游业的作用

体育旅游业是体育旅游发展的重要载体，对于经济社会各方面都具有重要的意义。本书对体育旅游业的重要作用的研究主要集中于其对体育旅游发展的积极推动作用。具体而言，其积极作用主要表现在三个方面。

1. 供给作用

体育旅游业在推动体育旅游发展过程中起到了良好的供给作用，主要从它是体育旅游供给的重要提供者方面得到体现：体育旅游业为体育旅游者提供产品供给，如果没有这一供给作用，体育旅游则可能出现自生自灭的状态。在体育旅游业的供给作用下，体育旅游走向规范化、市场化，参与人群也在不断增多。因此，体育旅游的产业化发展是其能够得到健康、有序发展的重要保证。

2. 组织作用

体育旅游业具有一定的组织作用，促进了体育旅游市场的发展壮大。体育旅游的供给与需求构成了体育旅游市场，这也是体育旅游业存在的重要基础。在体育旅游业发展过程中，供给与需求相互协调，二者的相互作用共同促进了体育旅游业的发展。

体育旅游业在供给方面要以市场的需要为主要依据，来组织和生产相应的配套产品，提供给市场和旅游消费者；而在需求方面，体育旅游业通过多种营销手段将体育旅游消费者引导向自己的产品。在这一过程中，体育旅游业组织和沟通了供需，实现了二者之间的协调和互动。

旅游业自诞生之日起，就突出了其重要的组织作用，正是由于这种组织作用，才使体育旅游业从无到有，并且推动了体育旅游活动规模的发展。

3. 便利作用

体育旅游业为人们提供产品和服务，便利了人们的生活，这是体育旅游的重要特点。体育旅游者利用体育旅游业提供的旅游服务，已经成为一种较为普遍的现象。尽管使用体育旅游业提供的旅游服务并不是体育旅游者旅游的目的所在，但是，旅游服务也起到了非常重要的作用，其不仅将客源地与目的地联系在一起，同时也将旅游动机与旅游目的实现连接了起来。在已经具备了需求条件的前提下，旅游过程中有可能遇到的各种困难、问题、担心可以通过体育旅游服务来进行解决。体育旅游业的这种便利作用在很大程度上刺激了体育旅游活动的发展。

正是在体育旅游业便利作用的影响下，体育旅游活动的规模正在逐步加大，参与体育旅游的人数逐步增多，参与的项目也更加丰富多彩。这在一定程度上又促进了体育旅游业的进一步扩大，体育旅游业具有了更加广阔的社会发展环境。

总而言之，现代体育旅游业的快速发展，与其便利作用具有重要的关系。体育旅游业的便利作用积极推动了体育旅游活动的开展。企业在体育旅游业发展过程中，也应积极注重其便利作用，这样才能够更好地实现企业的发展。

（五）体育旅游产业经营与管理的策略

1. 无差异目标市场策略

这里所说的无差异目标市场策略是指体育旅游企业将整个的客源市场看作是目标市场来进行经营的一种营销策略。一般来说，客源市场可以通过多种因素来进行划分，但如果在产品要求方面客源市场不存在实质性或有经济意义的区别时，此时体育旅游企业便会采取无差异的目标市场策略。通常情况下，体育旅游企业的无差异目标市场策略适用于三种情形。

第一，虽然存在一定的差别，但在需求方面整个客源市场具有较大的相似程度。

第二，虽然整个客源市场的需求存在实质上的差别，但各个需求差别群体在经济规模方面较小，通过某个细分市场的经营，体育旅游企业无法从中获得效益。

第三，整个客源市场具有较高的需求强度，但在体育旅游业业内的竞争程度相对较低。

体育旅游企业之所以选择无差异目标市场策略，优势在于有较低的成本。换句话说，无差异目标市场策略能够使旅行社将标准化的产品供给社会，能够降低在市场调研、产品研发、广告促销、市场管理等方面的各项费用，有助于体育旅游企业形成一定的规模经济。

2. 差异性目标市场策略

这里所说的差异性目标市场是指在诸多细分市场的经营方面，体育旅游企业能够为每一个有着明显的需求差异的细分市场制定出有针对性的经营方案的策略。一般情况下，体育旅游企业的差异性目标市场策略更加适用于以下三种情况。

第一，整个客源市场存在着比较明显的需求差异。

第二，对整个客源市场按照细分标准和细分因素所划分出来的客源市场均具有相应的经营价值。

第三，体育旅游企业具有较大的规模，凭借自身的产品经营能力占据了更多的细分市场。

同无差异目标市场策略相比，体育旅游企业通过采用差异性目标市场策略常常能够获得更好的经营绩效。如今，越来越多的体育旅游企业开始采用差异性目标市场策略，这主要是因为这种策略具有很强的针对性，能够更好地满足市场的需求，非常有利于扩大体育旅游企业的市场占有率。但需要注意的是，采用这种市场策略会使得体育旅游企业的经营成本增加，这是因为体育旅游企业需要将不同的产品向提供给不同的细分市场，还要制定不同的经营策略，建立各自的销售网络，同时还要对客源市场上存在的差异进行经常性研究，这些环节都需要体育旅游企业投入相应的资金。这是体育旅游企业差异性目标市场策略所存在的不足之处。

3. 市场营销组合策略

这里所说的市场营销组合策略是指体育旅游企业根据选定的目标市场，通过对各种市场营销手段和策略的综合运用，来进行产品的销售，从而获得最佳经济效益的策略组合。就市场营销的因素来说，其有着多种组合方式，其中最为常用的分类方式就是将市场营销因素和市场手段划分为产品（Product）、价格（Price）、销售渠道（Place）、促销（Promotion）的"4P"四大类。市场营销组合策略有着较为显著的特点，具体来说，主要表现在以下四个方面。

（1）可控性

对于一个企业来说，市场营销中的各组合因素是其能够进行主动控制的因素，有着一定的选择余地。通过进行市场调研，企业可以针对所选择的目标市场的具体特点，来确定自己所制定的产品组合，并拟定出相应的定价目标，选择合理的销售渠道，同时还要采取与之对应的促销方式。

（2）动态性

对市场营销组合的策略进行制定的过程中，如果其中的某一个因素发生变化，那么其他因素也会受到一定的影响，从而产生出新的组合。

（3）复合性

企业的整体营销策略其实就是企业可控制的"4P"组合，其中每一个"P"中所涉及的因素也都是一个组合问题。

（4）统一性

从某种程度上来说，所有的营销手段都会对顾客的购买行为产生影响，因此为了更好地保障市场营销活动的顺利开展，必须采取整体最优的营销手段。需要注意的是，在对市场营销组合策略进行制定的过程中要注意：所拟定的价格、采用的促销方式都要服从于产品和分销渠道；要在进行综合分析的基础上，同时制定出市场营销组合中的各个要素策略；销售额或利润额是否会增加是市场营销组合的策略界限；制定的市场营销组合策略要具有对策性，要避免出现恶性竞争，要有助于市场上产品地位的加强。

4. 市场细分策略

所谓市场细分是指对于不同消费群体的各种需求，根据消费者存在的购买行为差异，来对消费者总体进行细分而成为许多类似的购买群体。

通过进行市场细分，有助于体育旅游企业更好地从市场中寻找到新的商机，以便形成一个新的目标市场。对于消费者的所有需求，任何一个企业都无法完全满足，通过对市场进行细分，能够更好地针对现有产品对于各个细分市场需求的满足情况进行研究，以便从细分市场中寻找企业能够凭借自身条件来对消费需求加以满足的具体需求，从而找出一个新的目标市场。

通过进行市场细分，消费信息得到了及时反馈，体育旅游企业可以对营销策略做出适当的调整。在对市场进行细分之后，体育旅游企业更加了解和掌握消费者的要求和意见，信息的及时反馈能够使体育旅游企业针对消费者需求的变化来对自身的营销策略做出及时、合理的调整，从而促进体育旅游企业提高应变能力。

通过进行市场细分，还能够更好地提高体育旅游企业的经济效益，这主要是因为在细分市场中，体育旅游企业能够对自身所拥有的资源和自身特长进行充分、合理的利用，从而生产出适销对路的产品，以更好地使消费者的需求得到满足。

由此可知，对市场进行细分具有非常重要的意义和作用，所以在对体育旅游产业进行运作和管理时，采取相应的市场细分策略是十分有必要的。详细地说，在体育旅游产业运营过程中要遵循市场细化的原则，需要做好以下四点。

第一，市场细分其实就是将市场分片集合化的过程。根据相应的划分标准，体育旅游企业将总体的市场划分成诸多小的分片，然后再将这些小的市场分片相应地集合成一个较大的市场分片，并形成一定的规模，从而更好地适应商品的供销情况。

第二，在对市场进行细分之后，要进一步明确和清楚各个市场的差异，进行市场细分的标准和依据要切实可行。每一个市场分片都要有相对应的购买群体，有共同的特征，类似于购买行为。

第三，所有的细分市场都要具备相应的发展潜力。一个细分市场能否实现体育旅游企业的营销目标，要根据该市场分片中的人数和购买能力进行确定。此外，任何一个市场分片所具有的潜在需求大小，都需要体育旅游企业去进行开拓和发展。

第四，在对市场进行细分之后，需要在一定的时期内保持相对稳定。体育旅游企业只有在具有一定稳定性的市场中才能够制定出较长期的市场营销策略，如果市场不够稳定，变化太快，就会给体育旅游企业的营销带来很大的风险。

三、其他体育服务产业的经营与管理

（一）体育传媒业的经营与管理

1. 体育传播的特点

人类生存与发展过程中，必须与他人进行交流与沟通，这样才能够实现人与社会的交互。在人类发展过程中，信息的沟通与交流促进了人类的不断发展。随着人类社会的发展，信息传播的手段也在不断丰富，并逐渐产生了各种形式的大众媒介，如报纸、广播、电视、网络等。

媒介是文化传播的重要载体，体育传媒业则是媒介产业中的重要分支，其包括"体育媒介"本体，以及在此基础上形成的产业分支。体育媒介是很早就形成的一种概念，其主要是指以体育赛事、体育新闻等与体育产业有关内容及与体育相关行业（如体育器材、产品、服务）和相关辅助科研（如运动心理、康复、保健）等为主要报道内容的专业媒体。现代体育传媒业具有全景式、全覆盖、全天候三个特点。

（1）全景式

现代体育传播具有全景式特点，这主要得益于传播媒介的发展。多种形式的传播媒介共同发挥其相应的特点，使得体育文化的传播具有了形象性的特点。在体育运动发展过程中，传播媒介起到了积极的促进作用。

在 20 世纪初期，人们在了解相应的体育活动信息时，只能通过阅读文字和图片等达到目的。随着媒体技术的发展，人们逐渐能够通过声音、录像来欣赏体育活动，甚至能够参与体育赛事的传播互动。现代多种媒介传播形式使得体育活动的报道更加深入、全面、形象，能够更好地满足人们各方面的体育需求。在现代传播媒体的帮助下，人们可以足不出户就观看高水平的体育竞赛，并且花费成本较低，大大促进了体育文化的传播。

（2）全覆盖

随着现代大众媒介的传播，体育传播的手段更加丰富多样，并且大大促进了体育活动的传播范围。传播媒介的发展使得信息的传播跨越了空间的限制，使得体育信息能够在更广泛的范围内传播。

现代各种体育活动能够在全世界范围内产生深远的影响力，正是得益于现代传播媒介的发展，在体育传播媒介的影响下，体育文化得到了快速的传播，人们的体育欣赏能力也得到了较快的发展。

（3）全天候

在电视传播时代，电视体育活动传播具有一定的局限性，也就是具有时间限制，由于时区的不同，很多人并不能欣赏到精彩的比赛。而随着计算机和网络媒体的发展，人们可将相应的体育活动信息储存起来，以便后来观看。在现代社会，网络和计算机技术大幅提升了新闻记者和体育爱好者的体育信息传播速度与传播效率，使得采编的方式发生了多方面的变革。

体育传播媒介的全天候化发展对于体育活动的开展具有重要的意义，为体育活动的传播培养了众多的观众。在大众传播媒介的作用下，体育活动实现了娱乐化、社会化、全球化发展。全天候的体育传播使得人们无论何时何地都能够了解相应的体育信息,其已经成为体育活动发展的重要推动力。

2. 体育运动与传播媒介之间的关系

(1) 体育运动的发展离不开传媒的支持

其一,传媒拉近了人与体育之间的距离。随着社会的发展进步,人们对于体育运动的关注程度不断提高,与体育运动之间的关系越来越密切。传媒则是二者之间的重要桥梁。大众通过传媒获取各种体育信息,从而更加了解体育,进而更好地参与体育运动。

其二,传媒使体育信息的传播加速。传媒大大加快了信息传播的速度,使得许多不能在现场观看的人能够实时看到赛场上的情况,并且感受到比赛的气氛,享受比赛的乐趣。传媒将体育运动的覆盖面大大拓宽。

其三,传媒促进了体育产业的发展。借助于传媒,特别是重大赛事电视转播权的转让,在体育比赛中插播广告,已经成为举办体育赛事资金的重要来源。离开了传媒,现代竞技体育将难以生存和发展。因此从一定意义上来说,现代体育传播媒介是竞技体育发展的重要支柱。

其四,传媒增加了体育的曝光率,为体育树立了形象。借助于传媒的力量对体育运动进行宣传、报道、包装、炒作,从而使得体育的曝光度、受关注程度大幅提升。在这一过程中,运动员和教练员的关注度和知名度也得到了提高。

(2) 传媒自身的发展也离不开体育

其一,体育是传媒的重要传播内容。对于体育运动的宣传、报道是众多传媒吸引广告、赞助以及受众的一大法宝。随着人们生活水平的不断提高,人们对于文化娱乐生活的要求也越来越高。而体育运动因其自身的特性,成为人们首选的消遣娱乐方式。体育已成为人们生活中一个重要的组成部分。在人们看来,没有体育内容的传媒是乏味、无趣的。所以,传媒是不可能停止对于体育运动追踪、报道的。体育运动是各种传媒进行新闻战的主要内容。新闻报道最注重时效性，而体育比赛自身所具备的竞争性和其比赛结果的不确定性使得体育新闻成为传媒间争夺的一项内容。

其二，体育运动增加了传媒的趣味性。体育运动自身的趣味性、娱乐性和竞技结果的不可预知性等特征，使得体育的相关报道也具有了相应的特征。体育运动，特别是竞技体育，其竞赛过程是精彩纷呈的，其竞赛的结果又往往是不可预测的。因而，对体育运动的观赏可以使人们摆脱生活中的压力，释放紧张情绪。这也正是人们喜欢体育新闻等内容的最根本原因。

其三，体育运动增加了传媒的受众。以体育运动为内容的相关报道，其受众群体覆盖面积广，这是其他任何报道内容无法比拟的。喜欢体育运动的人是不分国家、民族、性别、年龄的。并且，当人们喜欢上一项体育运动时，这一偏好往往会持续多个人生阶段。现代体育运动已经实现了在全世界范围内的传播与发展，虽然语言和文字不同，但是人们开展的体育运动形式大都相同。这就使得人们对于体育运动比赛的欣赏脱离了国家、文化等方面的限制。这就使得媒体在进行体育信息传播时，能够面向全世界的受众。

3. 体育传媒业的发展现状

体育传播媒介是人们了解体育信息的重要途径，其发展现状表现在三个方面。

其一，体育传媒向专业化、多元化发展。近年来，我国体育传媒业发展较快，在体育信息传播的过程中，产生了相应的产业链条，使得体育传媒产业不断发展壮大，成为体育产业的重要组成部分。体育传媒产业实现了体育信息的传递，同时也创造了相应的经济收益。目前，随着我国网络媒体的兴起，国家对于体育传媒的控制正在逐步放宽，很多体育运动比赛的直播不再限于中央电视台的几个频道。体育传播媒介正在向着多元化、产业化的方向发展，并且传播的内容和形式逐渐丰富多样。

其二，体育传媒市场化程度较高。随着经济社会的发展，人们的体育需求不断增长，体育市场逐渐繁荣。如今，体育已经成为人们日常生活的重要组成部分，人们可通过多种渠道来观看体育比赛，了解相应的体育信息。而体育传媒业采用先进的设备和技术将体育赛事更好地传播给观众，推动了体育事业的发展。随着人们体育需求的不断提高，人们对于体育传媒的要求也在不断提高。在技术方面，更便捷、更清晰的要求越来越强烈；在媒体人方面，对于其专业素养的要求也在不断提高。

其三，体育传媒业传播渠道多。体育传媒市场广阔，因此其吸引着众多媒体的参与。在各大门户网站，都有相应的体育版块。体育传播媒体之间竞争激烈，而体育传播媒体之间的竞争促进了传播媒体的多样化，促进了体育传播媒体的发展。体育传播媒体在进行体育信息的传播时，会进行立体的信息传播，直播、图片、文字等同步传播，电视、网络、App、微博等立体开展，在这一过程中受众还能够与媒体进行互动。

4．我国体育传媒业的经营与管理的对策

（1）加强国际上的合作交流

世界传媒巨头都不会满足于在一国之内开展相应的传播业务，会涉及全球化业务运作。通过不断扩大规模，能够获得更好的发展空间。在全球化发展过程中，我国应注重全球化发展的趋势，积极与其他国际体育传媒机构展开交流与合作，加强自身的实力，在全球化发展过程中不断实现自身的发展。

（2）新理念的树立、高素质人才的培养

其一，学习先进的管理理念和经营方法。我国体育传媒业发展过程中，应积极学习和借鉴现代化的管理理念和经营方法，以更高的效率开展业务。通过学习和借鉴发达国家的经验，能够为我国体育传媒业的发展提供一定的思路和方向，避免走弯路。需要注意的是，在对先进理念和管理方法进行学习时，应充分考虑我国的基本国情。我国体育传媒业具有自身的特殊性，应立足于我国的实际，结合我国的具体国情，来开展相应的经营管理方面的创新。

其二,加快高素质传媒人才的培养。现代多方面的竞争归根到底是人才的竞争,体育传播业的竞争也同样如此。我国在体育传媒业发展过程中,应积极注重高素质体育传播人才的培养,提升体育传播从业人员的整体素质,这对于我国体育传媒业的发展具有积极的意义。我国应对社会需要进行分析,培养社会需要的体育传播人才。体育传播人才不仅要具备良好的新闻素养,还要掌握多方面传播技能,同时对于体育方面的理论和知识也应深入掌握。除此之外,还应注重体育传播方面的外语人才的培养,以及相关管理人才的培养。通过多种手段来建立完善体育传媒人才培养体系,促进体育传媒业的长远发展。

(3) 体育传媒的集约化发展与综合化

其一,集团化发展。现阶段,我国的平面媒体、电视媒体与网络媒体之间并没有形成有效的整合,相互之间没有建立有效的联系,经常是独立运营和发展的。随着全球一体化的发展,对于规模经营的要求不断增加,体育传媒需要不断扩大规模,实现整体效益。体育传媒在发展过程中,通过进行多方面的合作,能够实现资源的合理配置,促进资源的利用,提高经营的规模。国内的传播媒体实现集团化发展,对于体育传媒业具有巨大的作用与深刻的影响。在体育传媒业发展过程中,应积极拓展体育传媒业的发展空间,探索传媒业与体育产业二者结合得更好方式,推动体育传媒业的规模化发展。

其二,跨媒体资源的优化整合。在传媒业发展过程中,只有积极整合相应的资源,充分利用资源优势,才能够实现更好的发展。进行跨媒体的资源组合是体育传媒业未来的重要发展方向,在体育传媒业发展过程中,实现跨媒体组合可通过两种方式来开展:平面媒体可开展相应的电视节目、电台节目以及相应的网络节目;电视台、网络媒体应拓展其发展空间,积极开展多方面媒体渠道的传播。

但在媒体的整合过程中,必须继续保持其核心优势,并且不断提高,不能一味地进行整合,而忽略了媒体本身的核心业务。只有把握核心,加强合作,才能够获得更多的市场份额,将体育传媒业的利益更大化。

(4) 体育传媒业运作模式的改变

我国体育传媒业受到行政手段的影响相对较少,并且随着经济社会的发展,其在快速兴起。在体育传媒业发展过程中,我国应树立长远的发展目标,积极塑造传媒品牌,促进市场的开拓,还要根据市场需要开发新的传媒产品,赢得受众的信赖。

(5) 加强与资本市场的接轨

体育传媒业在激烈的竞争中要想获得更好的发展,就应该实现集团化发展,增进相互之间的合作,实现资源的优化配置。我国体育传媒业扩大规模、提高效益最便捷的道路无疑是与资本市场进行合作。长期以来,我国传媒业与资本市场的接轨相对较为缓慢,并且存在着一定的风险。但是传媒业与资本市场的接轨是其必然的发展趋势。我国应积极促进传媒与资本市场的合作,同时制定相应的规避风险的措施,确保传媒业的健康发展。

(6) 重视理论的研究以及传媒业相关的规律建设

现代传播学是一种新兴学科,还有很多有待发展和完善之处,体育传播学更是如此。因此,我国应积极注重体育传播方面理论的研究,在实践发展的同时积极注重理论的创新,掌握体育传播的基本规律,并将其应用于体育传播业的发展。高校、科研机构和相应的传播媒体应注重体育传播理论的研究,掌握体育传播的前沿理论动态。

(二) 体育广告业的经营与管理

1. 体育广告的含义

通俗意义上来讲,广告活动即为"广而告之"。将相应的商品信息传达给消费者,即为广义上的广告活动。广告首先是一种宣传活动,其是在媒体上针对一定的对象传导相应的商品信息从而实现一定商业目的的传播活动。美国市场营销协会将广告定义为:广告是由明确的广告主在付费的基础上,采用一种非人际的传播(主要指媒介)形式,对观念、商品及劳务进行介绍和宣传的活动。广告主可以是个人或相应的组织，其在开展广告活动时，需要向媒体支付相应的费用。不同的媒体具有不同的特点，其通过相应的形式来将企业、商品的信息传递给消费者。

从广义上来看，所有包含体育元素的广告可以称为体育广告。而从狭义上来看，体育广告是指广告主通过与体育相关的媒介形式，将产品和企业信息传递给消费者的一种信息传播活动。

2. 体育广告的要素

(1) 体育广告的主体——广告主

在研究一则广告时，我们首先需要明确的就是"谁在做广告"，也就是要明确广告的广告主。广告主是指愿意承担相应广告费用而发布商品或服务以及其他信息的法人、其他经济组织或个人。由此可见，要成为一则广告的广告主，应该具备相应的条件：第一，具有独立的民事主体地位，能够承担相应的民事责任；第二，具有明确的广告目的，如推销商品、服务，树立企业或产品形象，宣传某种理念等；第三，愿意承担、提供或支付相应的调研、设计、制作、代理、发布广告的费用。

作为广告信息的发布者和主导者，广告主既是广告效益的获得者，同时也是广告费用的偿付者。因此，广告主在广告活动中居于主体的位置，我们称之为广告的主体。同时，在此要说明的是"广告主"与我们通常听到的"广告客户"实质是同一所指，只是因为参照物不同，所以称呼不同。"广告主"是以整个广告活动为参照，因其在整个广告活动中起着主导作用而称之为"广告主"；与此同时，相对于广告的经营者、发布者而言，"广告主"就是他们的"广告客户"。

(2) 体育广告的中介——广告代理商

广告主是广告的发起人，那么广告由谁来做呢？企业作为广告主做广告，一般有两种方式：一是自己干，委托本企业的专人或专门机构经办，自行设计、制作和发布，这需要有相应的设计人员、设备及发布的场所和条件；二是使用专门性的服务，由广告公司等专业机构来制作、发布和代理，他们就是广告的代理经营者。在多元化的时代里，随着职业分工越加明显，由专业的广告公司进行广告具体事务操作的情况比较多。

广告代理是商品经济发展到一定程度的产物。作为广告中介服务机构，广告代理商在广告业的几大要素——广告主、广告公司和广告媒介中占据中间位置，是广告主与广告媒介连接的桥梁，一头是需要做广告的客户，另一头是能提供广告手段的媒介单位。广告代理商可以将广告活动中的供求双方连接起来，具有双向服务、双重代理的性质。

一方面，广告代理商代理广告主开展广告策划、宣传和实施工作，即从事市场调研、拟定广告计划、设计制作广告、选择媒体安排刊播，提供信息反馈或效果测定。现代广告需要各种专业人才，要用群体力量才能执行广告计划。但是，一般企业的广告工作都具有季节性、间歇性的特点，如果企业自己雇佣专职人员，易于造成人才浪费。企业要想花较少钱而又得到多种服务，最好的办法就是请独立于客户和媒介的广告代理商。他们有多方面的人才，可利用其全面技能和经验；职责集中，可简化协调和管理程序；还可以进行整体策划，将广告创作与营销直接结合；在创意上有较大自由，易于产生灵感；在媒介使用上，较少偏向性，而更具客观性。同时，广告主选择广告代理商也有较大余地，产品种类多的企业，可选择一家或多家代理商为其服务，如果代理服务不佳也可以及时更换。另一方面，广告代理商还代理传播媒介寻求客户，销出版面或时间，扩展广告业务量，承揽广告业务。广告代理商能满足媒介对广告业务的需求，增加媒介的广告收入；减少媒介单位具体的广告准备工作；精简媒介单位的人员，节省开支；能使广告设计制作水平提高；能帮助媒介单位承担经济风险和法律责任。

（3）体育广告的途径——广告媒介

体育广告在广告的对象、内容和目的上，与一般广告差别不大，但在广告的媒介上，差别却十分的明显。体育广告除了拥有与所有广告相同的广告媒介之外，还有很多体育活动所特有的广告媒介。比如，比赛冠名权、比赛场地广告、专利产品广告、体育俱乐部赞助、运动员代言等，都可以称之为体育广告的媒介。

（4）体育广告的内容——广告信息

广告信息是广告的最基本内容，商家或企业以体育活动为中介与广告的受众发生联系，其主要目的就是传播商品或服务的信息。所以说，广告信息是广告所要倡导的有关商品、劳务、观念、意识的信息，是广告传播中的主体内容。从信息的性质上分类，我们可以把信息分为商品信息、服务信息、社会信息、形象信息和观念信息五大类。比如，有关体育产品的直接销售的广告信息就是商品信息，NBA广告传播的信息就是一种篮球运动的观念信息。

（5）体育广告的客体——广告受众

广告创意是针对目标对象、追求最佳传播效果的创造性主意。在广告的创意设计上，每条广告都必须明确"对谁说"这个问题。也就是说，在广告创意设计中，首先必须找出目标对象。换句话说，广告是说给买的人听、做给买的人看。这"买的人"包括现实的消费者和潜在的消费者，他们就是广告的受众。一般广告传播并非以所有消费者为对象，而是根据企业营销的重点、产品的市场定位确定目标市场，然后以目标市场消费者为广告的主要传播对象。

作为广告信息的接受者，广告客体具有被动的一面，广告主宣传什么，他们就只能接受什么；同时，作为广告信息的理解者，广告客体又具有主观能动性的一面，可以有选择性地注意、接受甚至拒绝广告信息。

3. 体育广告的特点

传播媒介是信息传播的重要载体，在信息传播过程中，体育活动的各方面要素从广义上来看也是一种重要的传播媒介，发挥着相应的信息传播的功能。

体育广告与其他形式的广告的区别在于其广告媒体性质的差异。体育广告活动借助于体育场馆、运动比赛、运动员、体育刊物等来进行信息的传播,而这些都是体育广告的媒介。在奥运会开展时,很多企业都会借助于奥运会开展广告活动,很多企业都会冠名一些体育赛事、球队,从而提升自身的知名度。

体育广告能够使得广告主将相应的商品信息传递给可能的消费者,从而实现生产与消费之间的沟通。一些体育广告能够激起人们对于商品的购买兴趣,激发人们的消费需求。通过开展体育广告活动,还能够促进企业形象的树立,扩大企业和产品的知名度。

4. 体育广告业经营与管理的对策

(1) 全方位加强体育明星代言广告的监管和执法

《中华人民共和国广告法》规定,广告代言人不得为其未使用过的商品或未接受过的服务做推荐、证明。而曾经进行虚假广告代言,应当与广告主承担连带责任。体育明星具有较强的影响力,加强对其代言广告的监管,应做到明星自身、监管部门和立法部门共同协作。

(2) 法律道德双管齐下

现阶段,大型体育赛事植入广告是进行品牌营销的重要方式。但是体育赛事植入广告与其他形式的广告同样存在广告监管方面的问题,应加强赛事植入广告的监管。具体而言,应注意两个方面:其一,用法律法规来规范体育赛事植入广告的运作,应将其归属于商业广告的范畴,并受到广告法规的规范和约束;其二,用商业活动中约定俗成的道德规范来对赛事植入广告进行约束。企业的各项商业行为必须符合社会伦理道德,受到商业道德的约束。

(3) 立法机关加大户外广告的管理立法力度

户外广告业立法和管理相对较为滞后,使得很多执法不严的现象产生,应加大户外广告管理的立法力度。具体而言,应从三个方面入手:其一,明确广告产权归属,为产权纠纷的解决确立必要的法律依据;其二,明确各政府部门的职责,避免各部门相互推脱责任;其三,明确户外广告的执法权,避免多部门混乱管理。

(4) 体育媒体机构应加大对广告发布的管理力度

体育媒体机构应将创作合法合规的广告作为承担社会责任的重要举

措，应对广告发布严格把关，杜绝虚假广告和违法广告的出现。具体而言，应注意两个方面：其一，建立完善的广告监管机制；其二，完善内部管理制度。

(三) 体育彩票业的经营与管理

1. 体育彩票的含义

体育彩票又称体奖券，是指以筹集体育资金等名义发行的，印有号码、图案或文字的，供人们自愿购买并能够证明购买人拥有按照特定规则获取奖励权利的有价凭证。从根本意义上来说，体育彩票是市场经济的产物，它在本质上是一种商品，是具有特殊价值和满足特殊需要的商品。

2. 体育彩票的类型

(1) 传统型彩票

传统型彩票指的是任何以抽奖的方式决定获奖者的彩票，如购买者所持彩票的号码与抽出号码一致，即可获奖。传统型彩票是固定编号，购买者不能自选号码，中奖规则事先设定，销售15～30天后集中开奖一次。

(2) 即开型彩票

即开型彩票亦称"即开即兑型彩票"，即购票者在一个销售点上一次完成购票和兑奖全过程的一种彩票。即开型彩票在彩民购票后即可知道是否中奖，随着即开型彩票玩法的不断更新，即开型彩票形成了现行的揭开式、撕开式、刮开式三种不同的具体形式。

(3) 结合型彩票

结合型彩票是指传统型和即开型彩票两种玩法相结合的彩票，这种彩票可具有一次以上的开奖机会，对人们的吸引力较大。

(4) 乐透型彩票

乐透彩票的英文为"Lotto"，由意大利语转化而来，其原始意思为"幸运""吉祥""分享"。乐透型彩票趣味性强，它是由顾客自己选号码，通常是在一组数域中选出几个号码，构成一注彩票，根据所中的号码多少确定奖级。目前世界上乐透型彩票有30多种，但玩法大同小异。

例如，现在我国发行的"36 选 7＋1"和"四花选 4"等体育彩票就属于此类。乐透型彩票与电脑、网络、电视等的结合使彩票业的运行机制更加完善。

（5）数字型彩票

数字型彩票是由购买者按照要求的位数选取数字，组合方式不同决定奖额多少的一种博彩形式。这种形式通常是每天开奖。数字型彩票的发展和扩大最根本的是技术支持，当天开奖的形式离不开热线、计算机网络，自动化处理系统越有效和完善，数字型彩票将越普及、越受欢迎。

（6）竞猜型彩票

这种彩票是以体育运动竞赛的结果为竞猜对象的一种电脑型彩票，最普遍的是足球彩票和赛马彩票，也有国家选择棒球、篮球、橄榄球、自行车作为竞猜内容的。单就足球彩票而言，玩法也花样繁多，可以竞猜"一场球哪方胜""哪个队先进球""比分是多少"等。竞猜型彩票的主动性更强，购买者可以完全凭自己的主观意志购买，是一种智力游戏，所以深受彩票爱好者的喜爱。

3. 体育彩票业经营与管理的对策

（1）加强法制建设，完成国家对彩票的立法

体育彩票的合法性、公正性是其长盛不衰的重要原因，而合法性和公正性离不开法律的保护。彩票在世界各国一直是一项有争议的事业。正因为如此，一些彩票大国都是通过立法的形式对彩票业实施保护，以法律的形式确认彩票经营管理的合法性。目前，世界上有 120 多个国家发行彩票，其中大多数国家完成了博彩的国家立法。立法涵盖的主要内容有三个方面：实施政府控制的形式和程序；维护市场统一有序的措施；对筹集资金使用方向和范围的定位。由于法律先行，整个发行、销售依法管理和操作，博彩业才能健康有序地发展。

其一，彩票管理部门的职责与权限。彩票管理部门作为政府授权的彩票专门管理机构，应当具有发布彩票具体规则和指令的权力，也有维

护国家彩票法律法规的职责。应授权这个管理部门根据市场变化情况适时制定相关游戏规则和管理办法，以便把我国《彩票法》在实践中落到实处。

其二，彩票公益金的使用、分配与监管。发行彩票的主要作用就是筹集公益金为我国体育、福利和社会公益事业做贡献。而对彩票公益金的使用、分配与监管正是群众关心的焦点问题。彩票公益金的使用是彩票发行宗旨的体现，如何用好这笔钱对于推动体育、社会公益和福利事业意义重大，因此，严密的财务制度和加强监管审计是维护这一事业健康发展的基本保证，故相关法律条文对此必须做出明确的规定，严格审查制度和程序，才有助于彩票事业被广大群众接受和被社会所认可。

其三，必要的保护条款。彩票之所以有争议，正是因为它具有消极的一面，因此在经营中应尽可能地扬长避短。法律应对无行为责任能力者购买彩票做出必要的禁止性规定，减少其带来的消极影响。而且，如果发现有人一次性投注太大的话，彩票销售人员也要对其进行劝阻。

（2）建立科学有效的彩票管理体制

科学有效的管理体制，是影响体育彩票发展的重要因素。从世界许多国家发展彩票的历史经验看，发行机构的独家垄断性是国际上最常用的一种市场结构形式。只是授权的部门各国略有差异，但其实质均是以独家垄断为前提的，由政府授权的独家发行彩票，但彩票的玩法或种类可以有多种多样。我们可以对我国彩票管理体制做如下设计。

其一，加强对于彩票的监管。我国应成立国家彩票管理局或类似中国证监会和中国保监会以及行业协会这样的机构，实施对中国彩票业的统一监管。成立这样的机构，具体来说，应包含三种方案，第一种方案是设立直属于国务院的彩票管理局或彩票管理办公室，这种方案符合世界上一些国家的做法，使募集到的资金没有部门化的倾向，可以由国家统筹安排，适当分配使用，但容易淡化彩票特有的社会形象，容易让人产生这仅仅是一种"筹钱"的普通机构。第二种方案是成立类似中国证监会和银保监会这样的组织机构，这样的机构应该具备一些条件：一是权威性。对全国的彩票进行统一发行、统一印制、统一管理、统一销售渠道、统一使用分配、统一监督，以最大限度地利用现有彩票发行网络体系达到规模经济性。二是它由国家来管理，由舆论来监督。确保其经营目标和经营成果体现出最高程度的公益性，避免发行管理费用的结余被非政府的利益集团所获取，从而动摇人们对彩票公正性、公益性的信念。三是它必须与政府部门完全脱钩，彻底实现政企分开，避免"一套机构，两块牌子"。行政机构进行管理，企业公司来具体运作，这是彩票业发展的必然趋势，也是中国彩票业与国际接轨的一个重要标志。四是对于彩票资金的筹集与使用，要打破部门界限，实行统一管理。这种方案兼顾了彩票业长远发展的需要，不必再另行成立跨部门的委员会，其立足点是将彩票业做大。可以借鉴证监会和银保监会的成功经验，有助于在各部委办中协调，且不涉及其他部委办的矛盾，这是目前最可行的方案。第三种方案是成立中国彩票行业协会，这种设置的前提是必须授权这个机构有相应的特殊权力和责任，只有这样，才有可能担负起主管的使命，否则仅是一般意义上的行业协会，难以发挥大的作用，更难以完成设定的目标。无论采取哪种机构的监管方案，都要从彩票业自身的特殊性考虑，必须实行独家垄断经营和政府管制。

其二，构建高度垄断的国有独资彩票总公司或彩票集团公司。所谓国有独资公司，按我国《公司法》规定，是指国家授权投资的机构或国家授权投资的部门单独投资设立的有限责任公司。这是一种特殊的企业组织形式，适合于某些独特的行业，这些独特的行业包括那些生产经营不直接以营利为目的，而以社会效益为主，兼顾经济效益的行业，彩票正属于这一行业。

其三，对彩票的发行类型不再加以限制。我国彩票的类型近些年来已有很大的改观，从传统型、即开型到现在的乐透型和足球彩票。我们应该加快发展步伐，进一步放开彩票的发行种类。目前由于种种原因我国在此方面还有一些限制，这样不利于彩票市场的健康、快速发展。对于彩票业中的具体玩法，应依靠市场来解决，而不是政策上的人为限制。

（3）创新营销模式，即开型彩票前途光明

其一，宣传为即开型彩票的"生命线"。即开型彩票规模销售作为一种局部地区的定期市场行为，宣传方式的应用是重中之重，也就是通俗讲的"广告"，如何在有效的时间内让最大的目标人群获取信息，并且乐意参加购彩活动，以达到广而告之的目的，应注意考虑：地区经济水平考量；即开型彩票市场的定位；宣传方法的选择；宣传的到位程度；购彩现场宣传等。

即开型彩票规模销售和各个地区的经济发展水平有很大关联，因此地区经济分析是必不可少的，城市的经济总量、发达程度以及外来打工者所在地区的比重都是重要的指标。这些数据的获得，对彩票的宣传方法的使用、宣传投入等具有决定性作用，可以控制宣传投入的总量。

即开型彩票市场的定位主要是指针对购彩人群进行有选择的宣传。分析各个地区的即开型彩票主要购买人群，以及主要购买人群的聚集地区，使宣传目标做到有的放矢。

宣传方法的选择是一个很重要的方面。有些即开型彩票规模销售组织者为了图省事，简单地利用报纸、电视、广播等媒体进行宣传，忽视了即开型彩票的主要购买人群采集有益信息的渠道，往往效果不佳。宣传方法要出新，必须选择群众喜闻乐见的方法，切合地区实际情况，不能使主要购彩群众无法及时接触信息。

宣传的到位程度，也就是宣传的"炒作"热度。这需要组织大量的人力、物力，是一件很辛苦的事情。看宣传到位程度够不够，只要细心留意一些街头巷尾的谈话，就能判断彩票是否已经成为该地区的一个热点。在销售之前，看看该地区是否真正进入一种购彩氛围之中。

现场宣传离不开氛围的营造，使到场的彩民有一种开心购彩的欲望，这些工作离不开经验丰富的主持人，以及明星聚集人气的效果。从组织工作方面来讲，宣传工作是人为因素对销售成绩取得好坏的最大因素。只有重视市场行为，重视与销售相关的宣传工作，才能使即开型彩票销售走上良性发展道路。

其二，开发新的品种与玩法。只有更多的玩法与品种，彩票才能更大限度地吸引彩民。我们在玩法上不妨多吸取国外的先进经验。比如，法国的即开型彩票年销售量占全国彩票销售的40%，其原因就在于它的玩法灵活，票种设计繁多，能够引起不同消费人群的兴趣与关注。其中，一年之中的各种节日成为被广泛利用的素材，情人节、母亲节、圣诞节等，每个节日都可以引起与节日有关的人的关注，因此，可开发一些"节日彩票"来吸引更多的彩民。

参考文献

[1]白坤寒.体育经济与城市现代化建设和谐发展[J].才智,2014(18):7.

[2]曾志和.浅析现代体育的经济功能[J].科技风,2010(11):93.

[3]常超.经济学视角下的体育产业研究[M].武汉:武汉大学出版社,2017.

[4]郭芳.体育产业对我国现代经济发展的影响分析[J].财经界,2017(3):42—43.

[5]胡超.浅谈现代企业体育文化同市场经济的关系[J].商场现代化,2014(4):194—194.

[6]胡昕.经济学视角下的中国体育产业发展研究[M].青岛:中国海洋大学出版社,2018.

[7]黄超,宁亮生.体育产业经济与体育市场的发展研究[M].哈尔滨:哈尔滨工业大学出版社,2018.

[8]李涛.基于生态经济发展的体育产业集群模式研究[M].北京:人民体育出版社,2017.

[9]李伟.垄断与创新:当代职业体育的新经济学分析[M].北京:首都经济贸易大学出版社,2017.

[10]李湘浓,朱焱,孙一.体育场馆商业运营回头经济的研究与实践[M].北京:中国社会科学出版社,2023.

[11]李艳丽.体育经济学[M].北京:科学出版社,2023.

[12]连桂红,武善亮,刘建刚.体育经济学[M].北京:人民体育出版社,2016.

[13]莫京宇,王玲.浅析现代体育的经济功能与效益[J].文理导航,2017(23):30—30.

[14]潘彦宏.基于休闲体育对现代经济社会生活的影响分析[J].商业文化(下半月),2010(11):360-361.

[15]彭圣致.现代体育经济的多维度发展探析[M].北京:中国经济出版社,2020.

[16]任保平,李婧瑜.数字经济赋能我国体育产业现代化的逻辑与路径[J].体育学研究,2023(2):1-7.

[17]王玲.浅析现代体育的经济功能与效益[J].经济研究导刊,2017(30):30-31.

[18]王伦国.现代视角下的体育经济发展研究[M].长春:吉林人民出版社,2022.

[19]王馨怡,马胜敏.数字经济赋能我国体育产业现代化发展[J].当代体育科技,2023(27):99-102.

[20]王璇,沈克印.中国式现代化视域下数字经济助推体育产业高质量发展的实施路径[J].沈阳体育学院学报,2023(4):115-121.

[21]王兆红,许寒冰.体育经济学[M].北京:电子工业出版社,2020.

[22]魏永旺.体育经济与管理[M].长春:吉林出版集团,2019.

[23]吴瑶,崔为秀.体育经济效益下现代田径赛事发展概述[J].文体用品与科技,2023(2):85-87.

[24]肖徽样.现代知识经济下社区体育的发展探析[J].中国科教创新导刊,2012(7):213.

[25]信伟.高校体育经济的发展研究[M].北京:中国经济出版社,2022.

[26]信伟.经济学视域下的体育产业发展探索[M].北京:经济管理出版社,2021.

[27]信伟.体育经济学理论分析与经营管理研究[M].北京:中国经济出版社,2020.

[28]郁海.体育产业经济链现代化的内涵及实现[J].黑河学院学报,2020(11):60-62.